노인맞춤 정서예술케어

노인맞춤 정서예술케어

초판 1쇄 인쇄 2022년 12월 26일
초판 1쇄 발행 2022년 12월 31일

지은이 김미경
펴낸이 백유창
펴낸곳 도서출판 더 테라스

신고번호 제2016-000191호
주   소 서울 마포구 양화로길 73 체리스빌딩 6층

Tel. 070.8862.5683
Fax. 02.6442.0423
seumbium@naver.com

ISBN 979-11-979568-4-3

값 18,000원

노인맞춤

정서예술케어

목차

노년기 특유의 문제와 심리적 적응

노년기에 접어들면서 갖게 되는 심리적 적응의 문제에는 여러 가지 원인이 있으나 크게 환경적, 외부적 요인과 내부적 요인의 두 가지로 나눌 수 있다.

환경적, 외부적 요인

(1) 배우자나 친구, 친족의 죽음과 같은 개인적, 가족관계의 상실 및 변화

(2) 사회적 지위와 특권의 상실, 경제형편의 곤란, 정년퇴직, 노인에 대한 경시와 천대 등과 같은 사회적 상실

내부적 요인

(1) 개인의 성격이나 적응구조와 같은 성격적 특성과 내과적 만성질환, 대뇌손상, 동맥경화증, 내분비계 장애 등의 신체적 질병

(2) 반응시간의 느려짐, 갱년기의 행동장애, 체격과 외모의 노화 등 연령 증가에 따른 객관적 변화

(3) 죽음이 다가오고 신체기능이 퇴화함을 자각하는 등의 주관적인 변화의 자각으로 손에 힘이 없어지고 몸이 뜻대로 움직이지 않을 때 크레파스를 쥐고 손을 스케치북까지 옮기는 것부터 치료의 시작이며 처음에는 점,

선, 면으로 시작하며 원을 그리고 구체적으로 변하는 과정을 탐색하여 가족의 관심과 사랑을 나누며 그림을 통해 소통도 가능하도록 한다.

❶
뇌 구조

우리 몸에서 가장 중요한 일을 수행하는 인간의 뇌는 모든 행동을 통제하고, 신체를 통솔할 뿐만 아니라 학습, 기억, 사고, 문제해결, 감각, 운동 등에 대한 정보처리를 담당하는 신경세포로 구성되어 있는 우리의 삶에 중요한 기관이다.

뇌는 우리의 인체 기관 중에서 가장 복잡한 구조로 되어 있으며, 1,000억 개의 신경세포로 구성되어 밀집되어진 신경덩어리라고 할 수 있다. 신경세포들은 끊임없이 정보를 교환하여 근육과 심장, 소화기관 같은 모든 기관의 기능을 조절할 뿐 아니라, 생각하고 상상하는 인간의 복잡한 정신활동을 일으킨다. 때론 걱정이 뇌를 가득 채우고, 몸에 병까지 유발한다는 것이다. 번 아웃(소진)증후군이나 불면증에 시달리는 것도 신경덩어리에서 발생되는 교란주체로 생각의 멈춤이 이루어지지 않기 때문이다. 우리 몸의 모든 기능을 관장하고, 사고하기 때문에 뇌가 조금만 손상을 입으면 그로 인한 뇌의 혼란으로 삶의 질을 떨어뜨리는 영향을 받게 된다.

뇌는 인간의 인체 안에서 작동을 하며 소리 내지 않고 많은 활동을 하기 때문에 뇌의 에너지 소비량은 엄청나다. 인체가 소비하는 전체 에너지의 20%를 사용(750cc)한다. 또한 우리가 들이마시는 산소의 20~25%를 사용할 정도로 많은 혈액과 산소를 필요로 한다.

삶의 경험은 인지, 지각, 정서의 왜곡되거나 치우치며 기억의 오류와 고통, 갈등을 유발한다. 뇌의 왜곡과 편견은 그대로 알아차림으로써 고통을 소멸시킬 수 있고 인간의 뇌는 대뇌, 사이뇌, 소뇌, 중간뇌, 다리뇌, 숨뇌로 나뉘며 그 역할을 한다.

기억저장 및 학습의 역할을 하는 해마와 측두엽, 양측 두정엽과 전두엽의 위축이 알츠하이머병 노화 기억력저하, 인지저하를 특징적으로 일으킨다. 또한 뇌 사진은, 뇌의 구조적인 이상으로 발생한 인지저하의 원인으로 알코올성은 과다한 금주로 인해 발생을 하는 질환이다. 노인의 노화는 기억력을 비롯한 다양한 인지 기능의 장애가 서서히 발생하면서 일상생활 수행 능력에 문제가 생기는 질환이다. 노화 중에서는 노화에 따른 신경계의 퇴행성 변화에 의해 생기는 '알츠하이머병'이 가장 흔하다.

(1) 병력 청취 및 이학적 검사

노화 증상인 기억력 저하가 발생한 양상의 검사 시행을 한다. 내담자의 기억저하가 서서히 발생했는지, 갑자기 발생했는지를 살핀다. 그리고 진행 양상은 서서히 악화되었는지, 오랜 시간 기억이 차츰차츰 저하되는 계단형 악화등 기타 신체 대사질환인 고혈압, 심장 질환, 뇌혈관 질환의 병력의 존재 유무를 진단하여 일상생활 기능 정도를 평가한다. 문진으로 병에 대한 정보를 얻은 후에는 신체검사, 신경학적 검사, 정신 상태 검사를 시행한다.

(2) 주의사항

알코올성 노화는 진행 속도가 매우 빠르므로 방치할 경우 짧은 기간에 노인성 치매로 발전할 수 있다.

알코올성 노화를 예방하는 습관은 다음과 같다.

① 가능하면 술을 마시지 않는다.

② 음주 시 물을 자주 마시고, 과일, 야채 등 수분이 많이 함유된 음식을 먹는다.

③ 술은 한 가지 종류로 마시고, 여러 술을 섞어 마시지 않는다.

④ 공복에 술을 마시는 것은 피한다. 빈속에 술을 마시면 알코올이 체내로 빠르게 흡수되어 간에 부담을 줄 수 있다.

⑤ 술잔은 한 번에 비우지 않고 나누어서 마신다.

⑥ 피곤한 상태에서는 우리 몸의 해독능력이 떨어져서 쉽게 취한다. 수면이 부족하거나 컨디션이 좋지 않으면 음주를 피한다.

⑦ 과음을 한 뒤에는 3일 이내에 술을 마시지 않는 것이 좋다. 간 기능은 보통 72시간이 지나야 정상적으로 회복된다.

⑧ 음주 중 흡연을 피한다. 흡연 시 발생하는 일산화탄소가 간으로 공급되는 산소를 차단하여 해독능력을 떨어뜨린다.

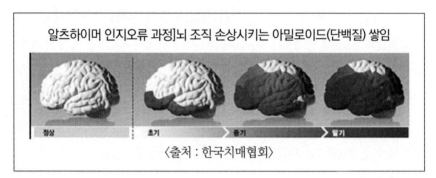

알츠하이머 인지오류 과정]뇌 조직 손상시키는 아밀로이드(단백질) 쌓임

정상　초기　중기　말기

〈출처 : 한국치매협회〉

1) 대뇌

대뇌는 뇌 중 가장 많은 부분을 차지하며, 좌우 2개의 반구로 구성되어 있다. 표면의 대뇌피질과 내부의 백질로 구성되어 있으며, 신경세포와 신경교세포라고 하는 세포들이 모여 있다.

대뇌에서 신경세포가 주로 신체활동과 정신활동을 담당하는데, 그 신경세포의 몸체는 주로 뇌의 겉껍질에 모여 있다. 그래서 이 부분을 피질이라고 부르고 약간 회색 기운을 띠고 있어서 회백질 이라고도 부른다.

대뇌가 담당하는 것은 감각 기관으로부터 들어온 감각 정보를 분석하고,

운동, 감각, 언어, 기억 및 고등정신기능뿐 아니라 생명유지에 필요한 각성, 자율신경계의 조절, 호르몬의 생성, 항상성 유지 등의 기능을 수행한다.대뇌는 전두엽, 두정엽, 후두엽, 측두엽으로 구성되어 이 기관들이 손상되었을 때 성격, 행동 및 언어 기능에 많은 영향을 미치지만 기억에는 덜 영향을 미친다. 전두측두엽 장애가 있는 사람들은 추상적 사고와 주의 집중이 어려울 뿐만 아니라 앞서 들었던 말을 기억하는 데 애를 먹기도 한다. 그들은 어떤 일과에 대한 생각을 행동으로 옮기거나 이러한 일과를 올바른 순서대로 수행(순차 결정)하는 데 어려움을 겪는다. 그들은 주의가 쉽게 산만해지는 모습을 보이고 대체로 시간, 날짜 및 장소를 계속 인지하고 있으며 하루 일과를 수행할 수 있다.

어떤 환자들의 경우, 근육이 영향을 받아 근육이 위축되어 쇠약해질 수 있다(위축증). 머리와 목의 근육들이 영향을 받게 되며 환자는 음식을 삼키고 씹는 것과 말하는 동작에서 어려움을 호소하며 전두측두엽 장애는 가족력이 나타나는 경향이 있다. 전두측두엽의 장애는 일반적으로 점진적 시작을 보이고 시박점이 명확하지 않다. 절반 정도가 유전 된다.

2) 사이뇌(간뇌)

대뇌와 중뇌 사이에 위치하는 여러 신경 구조들이 복합체이다. 사이뇌는 시상상부, 시상, 시상하부, 시상밑부로 구성된다. 사이뇌는 감각 신호를 뇌에 입력하는 신경세포와 뇌의 다른 부분을 연결시켜 주는 감각 신호 전달 기관으로 작용하는 역할을 한다.

사이뇌는 구성하는 부위에 따라서 기능이 다른데, 시상상부는 변연계와 뇌의 다른 부분을 연결하는 기능을 하고, 감정 조절에 관여한다. 시상은 냄새를 제외한 모든 감각을 받아들여 대뇌피질로 전달한다.

시상하부는 자율신경계 중추이며 수분대사, 식욕, 수면, 각성주기, 체온 조절 등에 관여하고, 호르몬 분비를 조절하는 기능을 한다.

시상밑부는 감각로가 있고 기저 신경절에 연결하는 역할을 한다.

3) 소뇌

머리 뒤쪽에 있는 소뇌는 전체 뇌 용적의 10% 정도를 차지하는 중추신경계의 일부로 대뇌의 뒤쪽 아랫부분에 위치하며 무게는 150g 정도이다. 소뇌는 표면에 있는 자잘한 주름이 많은 것이 특징이다.

소뇌는 평형기관에서 전달된 정보를 바탕으로 몸의 균형을 유지하며, 대뇌피질이 내린 운동 지시가 제대로 이루어지도록 우리 몸의 근육을 선택하여 어느 정도 움직이게 할지를 판단한다. 따라서 소뇌는 우리 몸의 균형을 유지하고 운동 기능을 조절하는 기능을 한다.

4) 중간뇌

뇌의 정중앙에 위치하여 '가운데골', '중뇌'라고 불린다. 중간뇌는 뇌의 대부분을 차지하고 있는 좌우 대뇌 반구 사이에 끼어 있는 뇌줄기를 구성하고 있다. 중간뇌를 포함하는 뇌줄기는 우리가 보통 '숨골'이라고 부를 정도로 사람의 생명을 유지하고 조절하는 데 중요한 기능을 한다.

중간뇌는 부피 자체는 아주 작지만 중요한 신경과 신경핵 등 필수적인 구조물들이 집약되어 있으며, 시각과 청각 신경이 지나는 곳이다. 중간뇌는 눈의 운동과 눈동자의 크기를 조절하고, 대뇌가 중요한 일에 집중할 수 있게 도와주는 기능을 한다.

5) 다리뇌(교뇌)

중간뇌와 숨뇌 사이 뇌 줄기에 존재해 앞쪽으로 돌출되어 있으며, 중간뇌와 숨뇌, 소뇌를 다리처럼 연결하는 역할을 한다.

다리뇌는 얼굴 신경이나 갓 돌림 신경의 핵이 존재하는 곳이다. 중간 뇌의 경우와 마찬가지로 올라가거나 내려가는 다양한 신경섬유의 통로로 소뇌와 대뇌 사이의 정보전달을 중계하며, 숨뇌와 함께 호흡 조절의 기능을 한다.

6) 숨뇌(연수)

숨뇌는 뇌 줄기를 구성하는 하나의 부분으로 가장 아래쪽에 위치한 부위로 위로는 다리뇌 와 아래로는 척수, 뒤로는 소뇌와 맞닿아 있다. 숨뇌의 앞면 정중선을 중심으로 피라미드라는 융기부가 있고 운동을 담당하는 척수로 신경 다발의 대부분이 이곳으로 지나간다.

숨뇌는 호흡과 심장박동 순환을 조절하며 침 분비, 하품, 재채기와 같은 무의식적인 활동을 일으킨다.

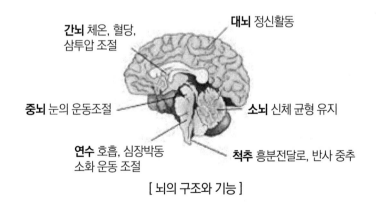

[뇌의 구조와 기능]

7) 인지장애 치매 예방의 조기진단 중요성

급속한 인구고령화로 노인 인구가 늘면서 치매 예방과 치료에 대한 다양한 방안이 모색되고 있고 해마다 정부기관과 지자체에서도 인지장애와 관련한 행사가 많이 열린다.

인지장애의 원인 질환은 매우 다양하다. 그 중 가장 대표적인 것이 알츠하이머형과 혈관성인데 알츠하이머형 인지장애의 경우 환자의 약 75%를 차지한다.

치매 예방 및 조기발견·치료를 향한 개인의 노력으로 건망증과 치매 전 단계인 경도인지장애를 정확히 구분해서 치매인지장애로 진행되는 것을 막을 수 있다.

① 건망증은 몸은 건강하나 단지 뇌가 휴식을 취하지 못함으로써 새로운 정보를 등록하지 못하거나 저장된 정보를 꺼낼 여력이 없는 상태가 되는 것을 말한다. 수면시간 저하, 심적 스트레스, 과로, 복잡한 마음, 우울감 등이 대표적인 원인이다. 건망증은 뇌가 지쳐 있다는 신호를 보내는 것으로 나이가 젊을수록 본인의 몸과 마음이 편안한 상태가 맞는지, 전자기기 같은 디지털 매체를 너무 오랫동안 접하는 건 아닌지 반드시 우선적으로 살펴봐야 한다.

② 경도인지장애는 병적 인지저하 단계를 뜻한다. 즉 아직 독립적인 생활이 가능하지만 같은 나이, 학력을 가진 동년배의 평균치와 비교했을 때 객관적인 인지 기능 검사상에서 유의한 저하가 관찰되는 상태다. 무엇보다 경도인지장애는 치매 전 단계로 불릴 만큼 치매로 진행될 확률이 높아 조기에 진단, 조치해야 치매를 예방할 수 있다.

③ 약속을 잘 지키던 사람이 이전과 달리 중요한, 행사를 기억하지 못하거나 ,말하거나 상대방의 말을 이해하는 데 오래 걸리고 ,평소 다니던 곳을

못 찾고 길을 잃어버리는 모습, 매번 잘 쓰던 도구조작이 서툴러지는 등의 증상이 나타나면 인지기능검사를 통해 경도인지장애 단계인지 확인하는 것이 좋다.

④ 경도인지장애는 인지저하 등의 증상이 나타나지만 일상 생활하는 데는 큰 문제가 없어 증상을 수년 이상 관찰하다가 병원을 찾는 환자들이 많다. 경도인지장애는 문헌에 따라 5~10% 정도로 치매 진행 확률이 높기 때문에 본인이나 보호자가 느끼는 인지저하가 건망증 수준인지, 경도인지장애 단계인지 조기에 감별하는 것이 중요하다.

⑤ 뇌혈관질환으로 발생하는 혈관성인지장애는 우리나라 환자의 절반 정도를 차지한다. 다행히 혈관성치매는 예방 가능하고 일찍 발견만 하면 치료를 통해 더 진행하는 것을 막을 수 있다.

혈관성예방은 혈관을 젊어서부터 깨끗하고 건강하게 잘 유지하는 것이 중요하다"며 비만, 운동부족은 혈관성인지장애의 위험요인으로 꼽힌다. 뇌혈관상태를 정기적으로 점검하는 것이 좋다.

⑥ 알츠하이머병은 65세 이상 노인 100명 중 5~10명 정도에서 발병하는 심각한 병이지만 아직 원인이 완전히 밝혀지진 않았다. 다만 건강했던 뇌세포가 유전자 이상으로 이상단백질을 만들어 뇌세포에 독작용을 함으로써 뇌세포가 사멸되는 것으로 알려졌다.

알츠하이머병 역시 혈관성치매처럼 예방하고 병의 진행을 늦출 수 있다. 특히 보고된 바에 따르면 알츠하이머병 예방에서는 지속적인 두뇌활동을 통해 뇌의 혈액순환을 원활히 하는 것이 중요한 역할을 한다.

⑦ 나이가 들어서도 삶의 목표를 세우고 외국어를 배우거나 자격증을 취득하는 등 적극적인 생활과 두뇌활동을 계속하는 것이 병의 진행을 늦추고 예방하는 데 중요하다. 글을 읽고 쓰는 창조성을 요구하는 뇌활동이 예방

에 큰 도움이 될 수 있다. 또한 매일 30분에서 1시간 정도 빠르게 걷는 규칙적인 운동은 뇌세포의 산화손상을 감소시키며 뇌 영양인자를 많이 만들어 뇌세포를 보호·성장하게 함으로써 인지자하 질병을 예방하고 발병과 진행을 지연시킨다고 보고된다.

❷ 노인 돌봄 정서케어의 정책사항

1) 국내 정책

(1) 치매 국가책임제 점검은 국가치매관리체계의 지역 거점기관인 '치매안심센터'의 기능을 강화하고 사례관리 전담팀을 구성에 목적이 있다. (2021년) 또한 치매환자별 맞춤형서비스계획(케어플랜)을 수립 제공 할 예정이다.

(2) 치매 관련 정책 기반 강화는 치매관리전달체계 효율화하고 치매관리 공급기반(인프라)확대 및 전문화해야 한다. 또한 치매 노인도 함께 살기 좋은 환경 조성 등 과제 포함되어야 한다. 나의 가족과 이웃의 건강한 삶을 통한 공익적 가치실현으로 만성질환자의 치유와 사회적 복귀를 위한 치유농장 설립 동기화가 필요하며 치유농장에 대한 제도화 필요성이 증가함에 따라 관련학계, 보건의료, 복지, 농업 분야 등에 적용도 필수적이다. 복지분야, 고용분야 등 사회적 영역의 종합적인 근원을 통한 활로개척 및 각계각층의 폭넓은 협력이 필요함을 인식하여야 한다.

(3) 통합 돌봄 시스템은 정상 ·고위험군·경도인지장애 ·치매군 등 치매단계별로 인지 훈련을 위한 콘텐츠 개발(2021년)을 하였으며 숲 체험, 원예활동, 텃밭 정원 가꾸기, 모래찜 질 등 야외활동을 치매안심센터를 이용하는 치매환자의 치매 예방 교실과 인지 강화 교실, 치매환자 가족의 치유(힐링) 프로그램으로 연계해야 할 필요가 있다. 치매환자가 안심하고 살 수 있는 환경을 갖춘 치매안심마을(2019년,339개)이 확산되는 상황이다.

2) 외국 정책

(1) 벨기에에서는 환자들의 삶의 질을 중요하게 생각하며 개인맞춤형 케어를 실시하고 있으며 최대한 일상생활을 즐길 수 있도록 요양센터를 가정환경과 유사하게 꾸미고 있다. 4시간 상주하는 간호 인력과 요리, 산책, 명

상 등의 프로그램, 방문의료 인력의 전문 의료 서비스를 시행하고 있다.

(2) 일본에서는 치매 통합 병원 관리 서비스운영으로 2012년부터 5년 간 치매 환자 통합진료를 위한 오렌지프로그램을 운영한 적이 있는데 이것은 900만 명에 이르는 치매환자를 진단하기 위함이다. 일본 국립장수의료 연구센터는 평소노인의 당뇨병, 고지혈증, 고혈압 등 만성질환을 관리하고 치매조기 발견을 권하고 있다. 치매치료는 정신건강의학과, 간호사·약사 등이 1팀이 되어 치매 통합관을 운영하고 있다.

(3) 싱가포르는 큰 병원에서 치료를 받은 다음 집으로 돌아가기 전에 입원하는 지역병원을 활성화하는 정책을 시행하고 지역병원은 재활치료를 받을 수 있는 곳으로 심리재활에 주력하며 지역병원과 응급병원은 인적자원을 공유하고 전문성을 공유한다. 지역병원을 2년 동안 자체 운영을 한 후 결과에서 긍정적인 효과가 있다고 밝혀졌다.

(4) 네덜란드는 2009년 간호사 이본반아메롱겐(Yvonne van Amerongen)이 중앙정부와 지역기관의 협조로 네덜란드 베스프마을 북쪽 외곽 호그백(Hogeweyk)에 '치매노인마을'을 조성하였고, 이곳은 슈퍼마켓, 카페, 미용실, 공원 등이 있는 1만 5000㎡ 규모로 23가구, 152명의 중증치매환자와 250명의 스텝이 거주하고 있다. 호그백 마을의 특징은 치매를 기존의 의료적 접근에서 사회적 접근으로 확대한 것이다. 호그백 마을거주 치매노인들은 거주하기 전보다 약물복용량이나 공격성이 감소하며 최근에는 이용층이 장애나 중독자로 다양화되는 추세로 사회문제 해결에도 기여하는 비즈니스 모델이다.

3) 데이케어센터 치매 노인 관리시스템

(1) 치매안심센터 운영일대일 맞춤형 사례 관리를 하고 있으며 전국 252

개 보건소 내에 치매안심센터가 설치되었고 이용인과 그 가족들이 맞춤형 상담, 검진, 관리, 서비스 연계 통합관리 지원 서비스를 제공하고 있다. 또한 치매 단기쉼터와 치매카페를 조성해 관련인에게 편의를 제공하고 있다.

(2) 장기요양서비스 지원은 1-5등급의 장기요양 인정등급 체계에 인지지원 등급을 신설하여 경증 인지 치매 노인에게도 치매 예방의 서비스를 제공하며 방문간호로 치매 노인을 위한 복약 지도나 돌봄 관련 정보 서비스도 포함 할 예정이고, 안심형 장기 요양 기관도 대폭 확충하고 있다. 전국에 치매안심 요양 병원을 설치하여 지정하고 가정이나 일반 시설에서 돌보기 어려울 정도의 이상행동 증상을 지닌 중증 치매 환자를 집중적으로 보호하고 있다.

● 치매안심센터 업무 흐름도

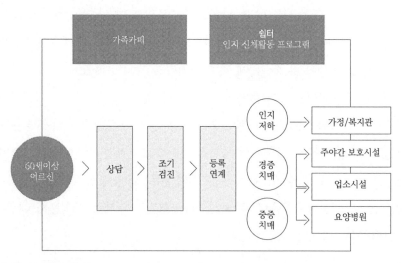

〈출처: https://www.bsseogu.go.kr/health/index.bsseogu?menuCd=DOM_000000404009001000〉

(3) 치매 환자 돌봄 서비스

① 정부지원 검사는 중증 치매 환자의 의료비 본인부담률을 10%로 인하하고, 종합신경인지 검사(SNSB, DERAD-K)나 자기공명영상 검사(MRI) 등의 진단 검사에 소요되는 본인 부담 비용도 낮추었으며 장기요양서비스 이용으로 발생하는 본인부담금의 경감 대상과 범위도 늘려가고 있는 상황이며 본인이 전액 부담해야 하는 식재료비나 가정에서 생활하는 치매인의 기저귀 등의 구입비용도 지원한다.

② 정서 예술케어 환경 조성은 치매 위험에 노출된 75세 이상의 독거노인 등에게는 전국 350여 개의 노인복지관에서 치매 예방을 위한 프로그램을 제공하고 있으며 국가건강검진 시 인지기능 검사도 함께 실시하며, 치매 가족 휴가제, 치매 노인 실종 예방 사업, 치매 노인 공공 후견제도, 치매 안심마을 조성하고 있고 치매파트너 양성 등과 같은 사업들을 통해 치매 예방에 힘을 쏟고 있다

③

노인 돌봄
정서케어 미술활동

미술활동의 이론적 배경

치매노인 노인에게 그리기, 만들기는 뇌를 자극하는 두뇌운동으로 탁월한 활동이며 치매노인 노인들이 현재시점에서 할 수 있는 것들을 잃지 않도록 지원하고, 즐거운 기억을 이끌어내는 활동을 꾸준히 하는 것이 중요한데 여기에는 미술을 통한 치료가 효과적이다. 미국 알츠하이머 협회(Alzheimer's Association)의 루스 드류(Ruth Drew)는 미술을 포함한 예술 활동이 치매노인 환자에게 지금보다 더 좋은 날(Good Moments, Good Hours and Good Days)을 사는데 도움이 되며 예술 활동을 할 때 불안감이나 우울증이 완화된다고 경과를 도출하였다.

미술활동의 목적

미술활용을 통해 노인의 정신적, 심리적, 신체적 문제점과 병을 완화할 수 있으며 노인의 주체적 체험을 통하여 예술적 잠재력을 개발하고 실현하며 삶을 회고하고 균형적인 삶을 유지할 수 있고 시각적, 운동적, 촉각적 자극을 통하여 뇌세포를 자극하고 삶을 긍정적으로 수용하는 독립성과 자아실현을 이룰 수 있다.

미술활동의 효과

누구나 쉽게 기억하는 주제는 남녀노소 지위고하를 막론하고 어린 시절을 떠올리는 좋은 매체로 색을 인지하고 시력을 보존하는 것이며 계절이나 자연을 주제로 다양한 그림을 그리는 것은 현대화가 되기 전 어린 시절 시골에서 살았던 노인은 자신을 주제로 진행하면 행복한 기억을 떠올릴 수 있다. 나이가 들었어도 이성에 대한 주제는 중요한데 그 이유는 이성과의 추억은 평생의 감성을 좌우 한다 해도 과언이 아니므로 그림을 통해 그 사람의 또래 문화 취향까지를 표현할 수 있다.

미술영역별 치료 프로그램 구분 개요

영역	미술활동 프로그램 주제
그리기	이름 그리기, 첫인상 그리기, 왼손 그리기, 감정 그리기, 둘이서 그리기, 가장 중요한 존재, 나의 어린 시절, 자화상, 초상화, 동굴화, 대화하는 그림, 삶의 파노라마, 가족의 소원, 가족의 기억, 나의 그림자, 장점과 단점, 도망가고 싶은 곳, 선율을 따라서, 색과 대화, 낙서하기, 나의 심장, 등대, 보고 싶은 광경, 동화 그리기, 나의 인생, 나의 나무 그리기, 내 안의 빛, 나의 씨앗, 흔적 남기기, 먹물그림
만들기	가면 만들기, 인형 만들기, 내가 되고 싶은 얼굴, 내가 버리고 싶은 얼굴, 백색도시 만들기, 공 모빌 만들기, 나만의 달력 만들기, 나만의 비밀상자
조소	사과 만들기, 자소상 만들기, 석고반죽하기, 나의 집 꾸미기, 내 마음의 뜰
콜라주	나를 공고하기, 동굴 가족화, 여백 없는 콜라주

세부 운영 미술활동 프로그램

① 자아개념을 위한 미술활동은 자기가 '어떤 사람이며 무엇을 하는가'에 대한 개인의 개념을 뜻하며 자아개념을 위한 미술치료는 작품의 미적 가치에 대한 평가보다 개인의 상상력과 독특한 개성을 중요하게 평가함으로써 긍정적 자아상의 형성에 도움을 준다. 미술활동의 주제가 자아개념과 관련이 있을 경우에 깊이 있는 자기통찰의 기회를 제공한다.

[자아개념 프로그램 예시]

프로그램	내용	기대효과
자화상	충분한 시간을 주고 그릴 수도 있고, 2분 동안 자신의 특징적 모습을 중심으로 재빨리 그린다.	자기 정서의 이해, 자기 동기화
자소상	눈을 감고 한 손으로 얼굴을 더듬고 다른 손으로 찰흙을 빚어 자소상을 만든다.	자신 및 타인에 대한 인식확대
이름 꾸미기	자신의 이름을 사실적으로 묘사하거나 상징적으로 묘사하기	자기 동기화 및 표현력 강화, 감정의 이완
광고지 만들기	잡지나 사진을 이용하여 자신을 광고하는 광고지를 만든다.	자기 자신의 이해, 자기 표현의 성취감
가면 만들기	도화지에 자유로운 형태로 자신이 갖고 싶은 얼굴의 가면을 만든다.	자기 자신의 이해, 자기 표현의 성취감
내 마음의 동그라미	동그라미 속에 자기의 생각을 표현한다.	분열된 자아의 통합, 삶의 본질파악, 자기이해
인생 콜라주	다양한 정서를 표현하고 있는 사진을 오려 붙이고 인물이 하는 말을 상상하여 써본다.	관심분야의 파악, 긍정적 미래관에 대한 비전제시
나의 안과 밖	빈 상자를 이용하여 밖은 다른 사람이 보는 '나'를, 안은 내가보는 '나'를 표현한다.	자기 자신을 새롭게 자각, 정립

② 무의식을 드러내기 위한 미술활동은 무의식적인 그림은 어떤 특별한 주제나 방향이 주어지지 않음을 뜻하며 무의식적인 미술은 어떠한 것을 그리겠다는 것을 미리 생각하지 않고 제작한 드로잉, 회화 혹은 그 밖의 모든 미술 형태를 의미하며 자유로운 연상과 적극적 상상의 결과로 무의식적인 미술활동은 미술치료의 과정에 중요하게 되었는데, 이것은 의식의 검열을 받지 않는 상징적 의사소통과 진실한 표현을 모두 촉진시키기 때문이다.

[무의식적인 표현 프로그램의 예시]

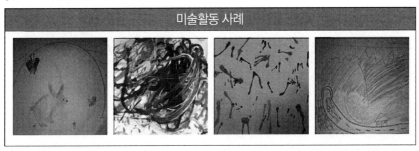

미술활동 사례

[미술활동 사례]

프로그램	내용	기대효과
눈감고 난화 그리기	흰 도화지를 난화를 그리는 동안 움직이지 않도록 고정시키고 한 가지색 을 선택하여 눈을 감고 30초 동안 선을 긋는다.	안정감
자주 사용하지 않는 손으로 그리기	보편적으로 글을 쓸 때 사용하지 않던 손으로 그림을 그리는 것이다.	검열되지 않은 무의식의 표현
잉크와 끈으로 난화그리기	종이 위에 잉크나 검정 템페라에 끈을 적셔서 선과 형태 만들기를 하고 끌어당긴다.	감정의 분출, 무의식적 이미지 강조
물감 얼룩 만들기	종이 위에 크레용이나 파스텔을 이용하여 그린 후 물감을 사용해서 자신 만의 얼룩을 만든다.	창의적이고 이완된 감정의 해방감
만다라 그리기	흰 종이에 컴퍼스나 접시를 대고 연필로 원을 그리고, 원한다면 직접 원을 그릴 수도 있으며 선택한 재료를 가지고 선이나 색, 형태를 어떠한 방식으로든 원 안을 메운다.	자기이해, 타인의 이해, 감정의 이완

〈출처: 치매노인 예술케어 / 김미경〉

③ 감정표현을 위한 미술활동은 외상이나 위기, 상실로 인한 감정은 논리적으로 표현을 하며 언어로 그러한 의미를 완벽하게 전달하지 못하는 감정

을 단어와 연관시켜 사람들은 감정을 마음속에 숨겨두어 우울함이나 혼란, 불안, 절망, 좌절 등을 발산하게 된다. 제작과정은 사람들이 감정에 맞서고, 우울증을 극복하며, 외상의 경험을 통합하고, 슬픔과 상실을 경감시키고 해소하는데 도움이 된다.

[감정을 표현하는 프로그램의 예시]

프로그램	내용	기대효과
감정저널 그리기	사용하고 싶은 드로잉 재료와 스케치북을 선택하여 '나는 오늘 어떻게 느끼지?' 하고 자신에게 물어보고 단지 지금 어떻게 느끼는지를 나타내는 단순한 형태와 색깔을 그려본다.	감정탐색, 자신과 타인의 이해, 공격성 감소, 자기 존중감 향상
안정감을 주는 이미지 책 만들기	소리나 음악, 맛 또는 향기, 촉각적 느낌이나 질감, 나를 평화롭게 하고 만족시키고 행복하게 한 특정한 경험이나 사건에 대한 목록을 작성하고 그 목록으로 잡지나 콜라주 재료를 이용하여 이미지를 표현하고 겉표지를 달아서 책으로 만든다.	자신의 위로, 긍정적인 느낌의 창조, 상실 및 외상의 표현
안전한 장소 만들기	현실이건 상상이건, 일생 동안 자신이 안전하다고 느꼈던 장소들을 모두 생각해본다. 안전한 장소의 특징에 대한 목록을 만든다. 미술재료를 사용하여 안전한 장소를 그린다.	긴장완화, 안전한 정신적 이미지 발견
감정지도 그리기	분노, 기쁨, 슬픔, 공포, 타인의 사랑, 자기애 등 각각의 감정을 나타내기 위한 다른 색을 사용하여 그린다.	감정 탐색, 감정 전달

1) 액션페인팅

● 액션페인팅의 이해

정착보다는 그리는 행위(액션) 그 자체에서 순수한 의미를 두는 것이며 바닥에 펼친 캔버스 위에 유동적인 마티에르를 떨어트려 나가는 '드리핑'의 수작업이다. 드리핑은 붓이나 나이프 등의 도구를 사용하여 칠하는 것이 아닌 물감을 캔버스에 흘리거나 붓거나, 뿌리기, 불기 등의 기법으로 작업한다. 미국에서는 추상표현주의 파격적인 기법으로 무의식상태에서 그림을 그리며 노인의 현실과 심상의 상호작용을 위한 역동적인 행위로 캔버스에 기록하는 표현이다.

(1) 액션페인팅의 목적

고정된 캔버스가 아닌 자유스러운 바닥의 캔버스에 물감을 뿌리며 몸으로 그림을 그리며 신체 에너지를 자극함으로써 드리핑을 통한 의도하지 않은 우연적인 표현, 성취를 느끼는 것이며 무의식의 표현으로 신체의 적극적 표현이라는 창의성을 개발하는 목적이다.

(2) 액션페인팅의 효과

물감을 뿌리고, 흘리고, 끼얹고, 쏟아 붓거나 튀기며 해방감을 느낄 수 있고 간단하고 동일한 동작은 잔존능력 연습을 보존하며 색을 선택하여 뿌리는 반응에 자동적 결정감각을 강화한다.

(3) 액션페인팅의 장점

점, 선, 면, 색과 같은 순수한 조형 요소로 치매 노인의 심상을 표현하여 카타르시스를 느끼며 자신이 미처 몰랐던 내면의 자아를 또 다른 자아가

표출됨을 알아차릴 수 있고 치매 노인은 자아와 스스로 갈등하고 투쟁하며
하나의 완성된 창의성을 개발할 수 있다.

(4) 액션페인팅 제작하기

① 액션페인팅 제작의 목적

지친 마음을 발산하는 힐링을 위한 것이며 형태에서 벗어나 무의식에서
오는 자유로운 이미지를 표현하는 정화작용이다. 신체를 활용해서 붓을 휘
두르고 뿌리고 불안한 마음을 캔버스에 격렬하게 표현함으로써 무의식이
담긴 행위는 심리적 갈 등의 상처를 치유해 주는 것이다.

② 액션페인팅 제작 진행

• 물감을 흘리고, 끼얹고, 쏟아 붓거나 튀기는 등 몸을 이용

• 반복적인 기법으로 우연한 겹침을 만들어 시간을 두고 물감을 말리고
반복 진행

• 그림 위를 걸어 다닐 수 있고 어떤 방향으로도 작업을 할 수 있다.

| 액션페인팅 시작하기 전 진단그림
(사전그림) | 물감 흘리기와 뿌리기 |

색채에 흰색을 섞는 파스텔 색조의부드러운 인상이 돋보이도록 뿌리기	거친 물감 뿌리기나 격렬한 붓자국이 돋보이게 왼손에는 파레트를 들고 오른손에는 붓을 들고 재빨리 페인트를 찍으며 캔버스를 채워나가기
볼에 물감을 묻혀 굴리기	액션페인팅 후 진단그림 (사후그림)

③ '액션페인팅 제작하기'의 치매노인 케어 효과

• 색과 선이 소용돌이치는 끈끈하고 가느다란 심상 표현은 치매노인의 살아가는 겉모습임을 깨달음

• 색이 갖는 고유한 의미의 느낌 들게 하여 형과 색의 어울림으로 치매노인의 생각과 느낌을 표현

• 융의 심리학을 바탕으로 신비의 눈은 곧 자신임을 자각하며 자기 효능감 찾음

2) 점토활동

• 점토활동의 이해는 클레이점토의 부드럽고 찰진 촉감이 노인의 잔존 감을 통한 안정감을 느낄 수 있는 매체로써 관심과 호기심을 가지고 형형 색색의 재료를 탐색하고 자신의 생각과 느낌을 표현할 수 있는 재료로써 손을 사용한 작업의 주용성 인식과 비언어적 매체의 주무르고 만지며 생각 을 입체로 형상화하는 데 있다.

(1) 점토활동의 목적

재료를 즐기며 다양한 방법으로 탐색할 수 있는 자율적 기회를 제공하며 부드러운 재질의 촉감을 통해 인지, 정서, 신체적 감각을 이끌어 낼 수가 있으며, 치매노인의 점토활동 관찰을 통한 심층적 분석이 가능하다.

(2) 점토활동의 효과

노인의 정신적 외상, 공포, 불안의 감정들을 경감시키고, 수용하며 심리 적인 평형상태를 경험하며 개인적인 스트레스를 극복이 가능하고 창조적 인 작업을 통해 자존감이 향상된다.

(3) 점토활동의 장점

치매 노인의 소 근육 자극과 점토가 피부에 닿으면 다양한 움직임의 연동 을 느낄 수 있으며 심리적으로 스킨십 효과를 높여 안정감이 생기고 점토 는 자유로운 조형 활동으로 부정적 사고를 긍정적 사고로 변화 기대할 수 있으며 운동감각과 관찰력을 촉진하며 치매노인 예방에 도움이 된다.

① 클레이점토 제작하기

다양한 작업이 가능하며, 작업을 하는 중 마음에 들지 않을 때 다시 만들기 가능한 재료이므로 점토 작업 과정에서 양이나 크기 등 바꾸기 쉽다. 누르거나, 덧붙이기, 자르거나, 뜯어내기, 쌓기 등 다양한 활용방법이 있으며 창조의 본능을 자극하여 새로운 것을 발견하고 어떤 재료보다 자유롭게 표현이 가능하다.

• 클레이점토 제작의 목적은 표면에 다른 물체를 찍어 흔적을 남기고, 긁어서 표면의 느낌을 변화하는 과정을 통해 확장시키는 가능성 체험하고 인지자극 촉진의 창의성과 점토를 만지는 동안 집중력 향상되며 촉각표현으로 심리적 의미 창조를 위한 기본적 감각 체계의 소근육 발달이며, 공간 개념이 형성되고, 현실 검증이 가능하다.

② 클레이점토 '무당벌레와 나뭇잎 액자' 제작 진행

i. 준비하기

• 무당벌레 모형 10개, 목공본드, 물티슈, 가위, 클레이 도구

ii. 제작하기

• 점토의 촉감을 느끼며 마음껏 주무름

• 액자 판에 클레이점토로 바탕 작업을 함

• 클레이로 액자 테두리를 꾸밈

iii. 작품 감상 및 공유하기

• 작품에 관해 이야기 나누는 시간을 갖게 한다.

• 작업 후 변화 체험을 위한 느낀 점 표현하게 한다.

표현방법	과정	효과
표현 기분		
어떤 기분일 때 사용하고 싶은가		
어떤 client한테 사용하고 싶은가		

③ '클레이점토 제작하기'의 치매노인 케어 효과

• 구성할 이미지를 생각한 뒤 개인 작업과 집단 환경 구성을 할 수 있게 됨

• 계절의 변화에 따라 잎사귀 색을 변모시키는 등 다양한 구성을 조율할 수 있음

• 자유롭게 화면을 구성하는 등 구성 능력을 강화시킨다.

3) 걱정인형

• 걱정인형은 과테말라 인디언들이 아이가 걱정, 공포로 잠들지 못할 때 걱정인형을 쥐어 주며 인형에게 걱정을 말하고 인형을 베개 밑에 두고 자면 자는 동안 걱정을 인형이 대신해주게 되어 편히 잠잘 수 있다는 유래에서 시작되었다. 인형에게 걱정거리를 이야기하며 세월의 풍파를 견뎌내고 현재 마음의 짐을 덜어가는 것으로 치매노인이 우울함이나 알 수 없는 불안함을 느낄 때 걱정인형에게 건네주는 내려놓기 과정이다.

(1) 걱정인형의 목적

• 걱정을 직접 이야기하고 서로가 걱정을 공유하며 자신의 걱정이 큰일이 아님을 알게 한다.

• 나와 같은 걱정을 하는 동료가 있음을 직/간접적으로 느끼게 한다.

• 걱정은 뒤로하고 또 다른 계기로 삶을 수 있도록 하여 꿈과 희망을 세우도록 한다.

(2) 걱정인형의 효과
• 걱정인형을 통해 한 걸음 더 성장하며 자기 통제력이 생김
• 자신의 목표를 설정하고 정진해나가는 데 있어서 심리적 걸림돌을 제거함
• 시련과 어려움을 지나치게 연연해하고 스스로 지쳐 쓰러지지 않도록 마음의 능력을 키움

(3) 걱정인형의 장점
• 잠들기 전 고민을 걱정인형에게 이야기하면 걱정이 사라지고 상호소통이 가능하다.
• 걱정을 한다는 것은 잘하고 싶은 욕구가 앞선 것으로 정체성 형성된다.
• 분리불안을 해소할 수 있고, 걱정인형의 표정을 그리며 심상을 볼 수 있다.

(4) 걱정인형 제작하기
① 걱정인형 제작 준비
i. 준비하기 : 두꺼운 종이, 색지, 십자수실(분홍, 초록, 파랑), 폼폼, 이쑤시개, 목공풀, 가위, 펜
- 튼튼한 몸통을 만들 수 있도록 '두꺼운 종이'를 준비할 것
- 십자수실이 없을 시 리본이나 다양한 재질의 종이를 활용함

i. 제작하기

- 만들고자 하는 걱정인형의 크기를 먼저 생각하고 계획한다.
- 두꺼운 종이를 걱정인형의 얼굴과 몸통 크기만큼 자른다.
- 세로 6㎝, 가로 35㎝로 두꺼운 종이를 자른다.
- 길이가 긴 걱정 인형을 만들고 싶으면 폭을 더 크게 하고, 부피감이 있는 걱정 인형을 만들고 싶다면 길이를 길게 해서 아코디언 접기를 여러 번 반복한다.
- 접힌 부분 아래에 총 4개의 이쑤시개를 테이프로 고정하고, 목공풀로 종이 안쪽을 붙이고 이쑤시개의 뾰족한 부분을 가위로 잘라 뭉뚝하게 만들어 팔, 다리를 완성한다.
- 몸통에 색실을 돌돌 감으면 걱정인형이 완성된다.

i. '걱정인형 제작'의 치매 노인 케어 효과

- 걱정인형의 얼굴에 표정을 넣고 자기 속마음을 자각할 수 있다.
- 새로운 환경이 두려운 치매노인에게 인형을 주어 걱정을 감소시킨다.
- 걱정을 대신해주는 인형이 존재하므로 '웃는 얼굴을 그리지 않아도 괜찮아'라는 안심 효과를 준다.
- 간단한 방법으로도 제작하는 동시에 팔을 많이 쓸 수 있어 소근육 운동 등 도움이 된다.

걱정인형 제작 과정 모습		
준비물	몸통{두꺼운 종이}	몸통 다리
색실로 몸통감기	머리장식	표정 넣기
걱정인형 완성 작품 (감상하기)		

〈출처 : 영현대 매거진, https://young.hyundai.com/magazine/trend/detail.do?seq=16651〉

4) 그림책 읽기

(1) '그림책 읽기'의 이해

글과 그림을 통한 읽는 사람의 소리와 몸짓으로 재현되는 계획된 인지, 정서, 행동 활동 가능하며 목소리의 리듬적인 것, 억양, 색채와 음향, 리듬의 경련 등 청각 촉진하고 그림을 통해서 구체적이고 세부적인 것들을 관찰하는 기회를 제공하여 그림책 텍스트가 가진 언어의 온도(리듬), 끊어 읽기, 문자의 소리를 효과적으로 전달하며 유기적인 결합의 상호작용한다.

① 그림책 읽기의 목적은 언어 교육적 차원의 읽기·말하기·생각하기 등을 증진시키며 그림책의 문자 언어와 음성 언어가 다르다는 사실을 느끼고, 시·공간을 초월한 탈 맥락적인 문자 언어의 특성을 인식하게 하며 그림책 읽어 주기가 치매 노인에게 듣기 기술과 문장 해독 능력 강화의 자극제 역할을 한다.

② 그림책 읽기의 효과는 짧은 문장, 반복되는 운율, 글 등이 그림과 조화롭게 형성되어 주의집중을 향상시키며 활동 제약이 있는 노인을 대상으로 문자 예술 정서에 도움을 주며 회화처럼 공간적이면서 영화처럼 시간적인 이미지와 만나 심리적 치유 도움이 된다.

③ 그림책 읽기의 장점은 자아 존중감을 키우도록 돕는 동화 속 상징적 표현을 인식하는 계기가 되며 그림책을 통해 문제 해결 방법을 배움으로써 용어개념과 언어기술을 발달시킨다. 삶의 질 개선 및 대인 관계에 적응하는 계획을 세울 수 있도록 새로운 정보를 연결하여 제공한다.

④ 그림책 읽기의 원리 (5가지)

i. 통찰의 원리

• 그림책의 등장인물이 문제에 봉착했을 때 어떻게 문제를 해결해 나가는지를 알 수 있다.

ii. 서사의 원리

• 경험적인 이야기는 '실제로 어떤 일이 일어났던 구체적인 공간과 시간'을 의미한다.

iii. 가능성의 원리

• 어려움이나 난관 등, 본인 스스로가 긍정적으로 해결해 나가는 원리

iv. 동시성의 원리

• 그림책의 등장인물이 보이는 태도나 감정, 행동을 자기가 느끼고 받아

들이는 무의식 과정이다.

 v. 정화의 원리

  • 마음의 응어리를 언어나 행위로 나타내 후련해진다.

  • 예 그림책 속에 '잃어버린 엄마를 만나는 장면'을 보면 가슴이 울컥해진다. '해와 달이 된 오누이'에서 동아줄이 내려올 때 얼마나 다행인지 안심을 하게 된다.

◆ 그림책 읽기의 5가지 원리를 '따로 또 같이'라고 표현함
◆ 개인의 성향에 따라 통찰과 감동이 동시에 나타날 수 있고 사람의 생각이나, 환경, 자라온 성장배경에 따라 달라지며, 무엇보다 치료사(읽어주는 사람)와의 상호작용이 매우 중요함 ⇒ 치료사와 함께 읽으며 그림에 대한 이해도를 높임 ⇒ 치료사의 따뜻한 목소리를 통해 그림책 세계를 여행하도록 함 ⇒ 규칙적으로 꾸준하게 읽음

---

 (2) 치매노인 그림책 읽기 프로그램 계획 및 선정

 i. 치매 노인 이해하기

  • 프로그램에 참여할 의사가 있는 치매노인의 심리검사 (삶의 만족도 검사, 치매노인 진단검사, 우울 척도 검사, 그림 진단 검사) 등을 실시한다.

  • 검사 결과에 따라 대상자의 폭이나 연령 등을 고려하여 프로그램을 구성한다.

 ii. 치매 노인 수준 파악하기

  • 대상자의 정서, 스트레스, 치매노인 수준 정도 파악을 하여 프로그램 운영이 매끄럽게 진행된다.

  • 심각한 정서 문제를 지녔는지, 다른 사람과의 상호작용이 가능한지를 사전에 파악한다.

• 정보 파악 또는 프로그램 참여 시 인터뷰나 사전질문을 통해 정보를 수집한다.

iii. 치매 노인의 케어 목표와 주제 정하기

• 치매 노인에게 맞는 목표와 주제를 정한다.

• 그림책을 선별하여 주제 선정을 했을 때 장점이나 가치를 고려한다.

• 치매 노인의 욕구를 고려한 프로그램을 계획하는 것이 첫 관문이다.

iv. 그림책 선정하기

• 대상자에게 가장 어려운 과제이면서도 케어의 효과를 감정할 수 있어 중요하다.

• 시중에 판매되는 그림책이 치매노인 예술케어에 다 좋다고 말할 수 없기 때문에 신중해야 한다.

• 예술 케어자는 그림책 선정에 대한 안목과 경험의 유무, 횟수 등 자질을 살펴볼 필요가 있다.

(3) 토끼와 거북이 그림책 읽기 도구 제작하기

① 선정된 그림책 제시하기 - '토끼와 거북이'

〈출처 : '토끼와 거북이' 제리핑크니 지음, 김예환 옮김 (열린책들)〉

② 준비하기

• 선정된 도서, 등장인물의 도출된 도안

• 색연필, 형광펜, 투명테이프, 스트로 2개

③ 그림책 읽기 도구 제작하기

• 도구 제작의 효과

• 대상자와 신뢰 관계를 형성한다.

• 문제의 정도와 대상자의 특성을 찾는다.

• 필요한 경우 대상자의 심리상태 파악을 위해 심리검사, 평가가 가능하다.

• 도구 제작의 목적

• 치료 대상자가 책에 나오는 등장인물과 중요한 문제를 탐색

• 등장인물이 어떤 방법으로 행동하는지 동기에 관심을 기울인다.

• 치매 노인 대상자가 책 속의 등장인물과 아는 사람의 투사감정을 찾도록 한다.

• 도구 제작 진행 과정

• 그림책에서 등장인물을 검토 후 진행

• 반복 독서 활동 후 토끼와 거북이 활동의 칭찬과 격려를 통한 도안 도출

• 토끼와 거북이 활동을 통해 언어로 이끌고 신체활동을 할 수 있도록 고려하여 제작

'토끼 도안' 및 '거북이 도안' 도출

색칠된 토끼 도안 및 거북이 도안을 가위로 오리거나 손으로 살살 찢음

색칠된 도안 뒷면에 준비된 스트로를
투명테이프로 붙임

그림책 읽기 도구 완성

④ '토끼와 거북이 그림책 읽기 도구 제작하기'의 치매노인 케어 효과

• 노인의 여가 활동을 발견할 수 있는 계기 마련

• 자신들 특유의 정감을 회복시키며 우울감을 감소시킨다.

• 자신을 성찰하고 행복을 느끼게 한다.

5) 인지학습

● 인지학습이란 아직 경험하지 못한 상황에 직접 대처하는 행동을 말하며 외부환경에서 필요한 정보를 수집하는 활동이며 자극과 반응사이의 관계에 따라 이루어지는 행동이다.

1) 인지학습의 목적은 변화를 위해 구체적이고 측정 가능한 목표를 설정하여 치매노인이 가장 중요하다고 여긴 걱정이나 문제를 다룸으로써 치매

노인이 해결되었으면 하는 문제의 목표를 설정하고 관리하는 방안을 알리는 것이다.

2) 인지학습의 효과는 회기와 회기를 연결하는데 도움을 주며 자신의 불안증상 등을 확인하는 기회를 제공하며 인지학습 과제를 통한 실생활의 여러 상황에서 행동치료 능력이 향상된다.

3) 인지학습의 장점은 능동적이고 직접적인 심리재활 가능하고 자동화 사고와 비합리적 신념을 수정할 수 있으며 감정과 행동에 변화를 유도하는 기법을 적용할 수 있다.

4) 흥부와 놀부 그림책을 통한 인지활동 단계

형성 단계는 흥부 가족과 놀부 가족의 관계성을 알고 제비의 행동 형성하고 문제의 정도와 흥부와 놀부 가족의 특성 찾아서 필요한 경우 흥부와 놀부의 심리상태를 극화하는 것이다.

① 선택 단계는 치매노인의 흥미를 촉진시킬 수 있는 방법으로 그림책을 제시함으로써 그림책이 정서적, 심리적 긴장을 이완시키거나 완화시키고 치매노인 노인의 수준과 흥미에 맞도록 문학적, 예술적으로 적합한 삽화를 선택하게 한다.

② 제시 단계는 대상자의 생각을 촉진시킬 수 있는 방법으로 도안을 제시하고 치매노인 노인이 경험한 흥부와 놀부의 비슷한 사례가 있는지 회상하게 하여 그림책에 거부감이 들지 않도록 조심스럽고 편하게 제시한다.

③ 전개 단계는 치매노인이 책에 나오는 등장인물과 중요한 문제를 탐색하도록 안내함으로써 흥부와 놀부가 어떤 방법으로 행동하는지 동기에 관심을 기울이게 되고 그림책의 등장인물과 아는 사람들 사이에 비슷한 점을 찾을 수 있다.

④ 정리 단계는 그림책에서 제시된 해결책과 다른 기타 해결책의 결과를

검토 한다.

5) 흥부와 놀부 그림책 도안 만들기

(1) 그림책 줄거리 이야기 공유 및 상상하기

옛날 어느 고을에 흥부 놀부 형제가 살았어요. 동생인 흥부는 부모에게 효도하고 형제를 사랑으로 대했지만 형인 놀부는 욕심이 많아 허구한 날 심술을 부려대니 한 부모에게서 났지만 흥부 놀부는 성품이 달라도 너무 달랐죠. 놀부는 제 앞가림도 못하는 흥부가 항상 못마땅했고 집안일은 안 하고 남 일에만 발 벗고 나섰기 때문이죠. 부모님이 돌아가시자 놀부는 생트집을 잡아 흥부네 식구를 쫓아냈고, 쫓겨난 흥부네는 자식은 많아 내외가 밤낮으로 몸이 부서져라 일을 해도 돈 한 푼 모으지 못하는 상황이었죠. 하루는 아이들이 음식 타령을 하며 생떼를 써대는 바람에 흥부는 곡식을 얻으러 형 놀부의 집으로 향했어요. 놀부는 흥부가 먹을 것을 청하자 몽둥이찜질을 하면서 못되게 굽니다. 흥부가 안채로 도망가자 놀부 아내는 흥부를 나무라며 밥주걱으로 흥부의 뺨을 후려쳤어요.

〈출처 : '흥부와 놀부' 이야기 中〉

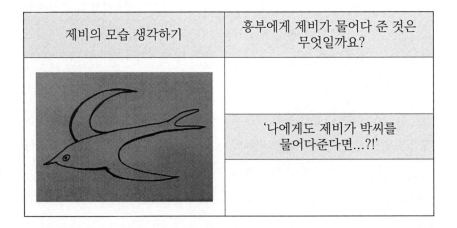

제비의 모습 생각하기	흥부에게 제비가 물어다 준 것은 무엇일까요?
	'나에게도 제비가 박씨를 물어다준다면...?!'

(2) 손가락 반지 제작하기

● 제작 순서

- 도안을 색칠하여 가위로 오림

- 오려진 제비 도안의 가운데를 손가락 반지가 되도록 가위로 1cm 오린다.

- 동일하게 두 개를 만들어 왼/오른손가락에 제비 도안을 반지처럼 착용한다.

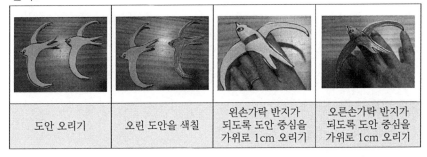

도안 오리기	오린 도안을 색칠	왼손가락 반지가 되도록 도안 중심을 가위로 1cm 오리기	오른손가락 반지가 되도록 도안 중심을 가위로 1cm 오리기

● 작품 감상 및 놀이

- "제비가 훨훨 간다."를 외치며 왼손, 오른손이 날아가는 동작을 취한다.

- "제비가 훨훨 온다."를 외치며 왼손, 오른손이 날아오는 동작을 취한다.

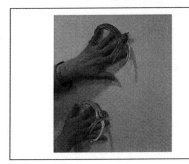 

6) 집단치료의 개념적 이해

(1) 집단치료란 1명의 치료사가 여러 명을 동시에 치료하는 형태로써 고독감, 대인관계 결핍, 자신감 결핍의 문제를 해결하는데 긍정적 심리 치료 방법이다. 집단 참여자가 집단 내에서 그들 자신의 작은 사회를 창조하고 어려움을 토로하도록 한다.

(2) 집단치료 목적은 치매노인에게 집단 구성원들 사이에서 고독감 발산의 정서를 지원하고 구성원과 치료자 사이에 상호작용으로 새로운 관계의 감사 형성하며 사회적 효과 행동인 친밀감의 변화를 적용하는 것이다.

(3) 집단치료 효과는 치매노인에게 그림책 내용을 활용한 통제력 유지하고 심리적 갈등을 조절하며 가족과 의사소통 기회를 증진하는 계기가 된다.

(4) 집단치료 장점은 구성원들의 혼란된 지각이 교정되고 문제 해결 도움이 되며 비언어적인 커뮤니케이션 기술이 향상되고 가족과의 의사소통 기회로 자신감 형성된다.

(5) 그림책을 활용한 집단치료 실제

i. 그림책 줄거리 이야기하기

흥부가 박을 타서 부자가 되는 모습 이야기하기

〈출처 : '흥부 놀부' 이봉 지음, 최광렬 그림 (삼성출판사)〉

스님이 흥부네 집 근처를 지나다가 흥부네 사정을 듣고 좋은 집터를 하나 잡아주고 사라졌어요. 흥부는 스님이 잡아준 터에 수숫대로 집을 짓고 살았는데, 그다음부터 흥부네 살림이 차차 나아졌어요. 봄이 되자, 흥부네 집 처마에 제비 한 쌍이 집을 짓고 알을 낳아 새끼를 쳤어요. 그러던 어느 날 큰 구렁이가 들어와 제비 새끼들을 잡아먹는 것을 본 흥부가 서둘러 구렁이를 쫓아냈으나 겨우 제비 새끼 하나만 구할 수 있었죠. 흥부는 혼자 남은 제비가 가여워서 정성껏 보살펴 주었고 하루는 제비가 날기 연습을 하다 떨어져 그만 발목이 뚝 부러지고 말았고 흥부는 명태 껍질과 명주실을 구해다가 부러진 다리를 칭칭 동여매 주었답니다. 가을이 되어 제비가 강남으로 돌아가 제비 왕에게 사연을 이야기하자, '보은 표'라는 박 씨 하나를 흥부에게 갖다 주어 은혜를 갚으라 했어요. 다음 해 봄이 되어 다시 흥부의 집을 찾은 제비는 흥부 앞에 박 씨를 떨어뜨려 주었고 흥부가 뒤뜰에 박 씨를 심으니 박이 지붕 위로 큼직하게 주렁주렁 자랐답니다.

명절이 와서 흥부가 박 속이라도 끓여 먹으려고 박을 놓고 타기 시작하자, 그 안에 쌀 나오는 뒤주, 돈 나오는 돈궤, 귀한 약과 색색의 비단이 나오고, 급기야는 사람들이 몰려나와 대궐 같은 기와집 수백 간을 지어냈답니다.

ii. 생각하기

• 놀부와 흥부 이야기의 결론 부분에 '그림책 사고 변환'이라는 새로운 접근과 방법을 탐색한다.

• '그림책 사고 변환' : 합리적 방식으로 생각하고 스스로 적용하게 한다.

• 인지과학의 체화된 마음 개념과 몸의 철학, 인지심리학의 개념을 형성한다.

흥부네 박을 보고 놀부의 박 속에 무엇이 있을지 작성하기

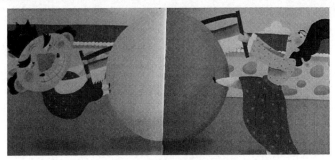

〈출처 : '흥부 놀부' 이봉 지음, 최광렬 그림 (삼성출판사)〉

〈출처 : '흥부 놀부' 이봉 지음, 최광렬 그림 (삼성출판사)〉

한편 흥부가 부자가 되었다는 소문을 들은 놀부는 샘이 나서 흥부네 집을 찾아
갔죠. 놀부는 부자가 된 사연을 듣고 나서 제비를 길러 보기로 했답니다. 놀부는
직접 구렁이 노릇을 하며 제비 다리를 뚝 부러뜨리고서는 제비 다리에 밀어 껍질
을 칭칭 감아주었어요. 가을이 되어 강남으로 돌아간 제비가 놀부의 일을 제비
왕에게 고하자. 제비 왕은 크게 노여워하며 박 씨 하나를 놀부에게 갖다 주라고
했답니다. 이듬해 봄, 놀부는 박 씨를 받자 열심히 키우고 다 자라나 톱질을 시작
했어요. 그런데 박이 열릴 때마다 빚 받으러 온 노인, 놀부네 안방에 묘를 쓰겠다
는 상제, 거지 떼, 사당패 들이 나오더니 갑자기 이유로 놀부에게서 돈을 받아 돌
아가서 하루아침에 알거지가 되었죠. 마지막으로 장군이 나와 놀부의 죄를 읽어
주며 목을 부러뜨리겠다고 엄포를 놓자 흥부가 와서 대신 죄를 빌었답니다. 결국
장군은 흥부의 마음에 감동하여 돌아갔고 놀부가 깨어나 보니 그 많던 재산이
몽땅 사라지고 없었어요. 놀부 부부는 흥부에게 용서를 빌었고 흥부는 형에게 재
산의 절반을 나누어 주고 형제는 지난 일은 모두 잊고 한 평생 정답게 잘 지냈답
니다.

〈출처 : '흥부 놀부' 이봉 지음, 최광렬 그림 (삼성출판사)〉

(6) 그림책을 활용한 집단치료'의 치매노인 케어 효과

• 놀부와 흥부 그림책 이야기를 통해 치매노인의 과거를 회상하며 특별한 의미를 인지한다.

• 그림책 주제 공유를 통해 노인의 우울 감정 및 가족의 걱정을 감소시킨다.

• 놀부와 흥부의 결말에 대한 이야기를 통한 가족관계의 소중함 및 긍정적 사고 전환할 수 있다.

• 그림책 예술케어를 통해 치매노인의 인지 능력이 강화된다.

• 활자가 아닌 이미지 도안을 활용해 연령이 높고, 고위험군 치매노인의 기억력 유지를 도움을 준다.

7) 옛날이야기와 호랑이 색칠 활동

(1) 옛날이야기란 옛날에 있었던 일에 대한 이야기로써 구전문학의 하나로 보통 설화의 한 장르라고 이야기하며 전래동화, 옛이야기 같은 의미로 사용되기도 한다. 보통 '옛날 옛적에'라는 말로 시작 된다.

(2) 옛날이야기와 관련 유사 정의 구분

프로그램	설명
구전문학	✔ 글이 아닌 말로 전해 내려오는 것 ✔ 설화, 무가, 민요, 속담, 판소리, 민속극, 수수께끼 등
설화	✔ 어느 민족이나 집단에 예로부터 전승되어 오는 이야기 ✔ 실제 있었던 일이나 만들어 낸 재능을 재미있게 꾸며서 하는 말
신화	✔ 어떤 신격을 중심으로 한, 하나의 전승적인 설화 ✔ 단군신화, 그리스로마 신화 등
전설	✔ 오래전부터 전해 내려오는 말이나 이야기 ✔ 어디에서 전해지는지, 관련된 증거자료를 요구함 (지명, 바위 등)
민담	✔ 예로부터 일반 민중 사이에 전해져 내려오는 이야기 ✔ '옛날, 옛적 호랑이 담배 피던 시절에~'로 시작되는 이야기로 옛이야기(전래동화)와 비슷하나 이야기의 흥미와 재미의 주체가 아이들이 아닌 어른들의 이야기가 많음

옛이야기 (전래동화)	✔ 신화나 전설에서 발전하여 이루어진 이야기로 동심이 기조 된 이야기
우화	✔ 인격화된 동물이나 사물이 주인공으로 등장하여 풍자, 교훈을 주는 이야기

(3) 호랑이의 개념적 이해

호랑이는 고양잇과의 맹수로 새벽에 사냥을 하며 우리나라 최초의 호랑
이 기록은 고조선 『삼국유사』의 단군신화에 곰과 호랑이가 사람이 되고자
환웅에게 빌어 곰은 신의 계율을 지켜 사람이 되었고, 호랑이는 그러지 못
했다는 내용이 있다. 호랑이를 신비의 대상으로 여기는 경향은 우리네 전
설에서 많이 볼 수 있고, 효성이 지극한 효자 성묘길 인도, 부모의 무덤가
에서 봉양하는 효자 지켜주기 등 효행을 장려하는 설화에서 호랑이와 저승
과의 관계를 엿볼 수 있으며 호랑이를 죽은 자의 세계로 인도하는 '영혼의
인도자'이거나 저승의 영역을 보호하는 신의 심부름꾼, 혹은 사경의 문지
기 역할을 보여준다.

① 호랑이의 표상과 상징은 우리가 잘 아는 '호랑이와 곶감' 이야기에 잘
나타나 있다. 우는 아이에게 어머니가 곶감을 주자 아이의 울음소리가 그
치는 것을 지켜 본 호랑이가 자신보다 더 무서운 것이 곶감이었다고 생각
하고는 그 집에서 부리나케 달아나 버린 어수룩한 호랑이를 그리워하며 두
려움을 덜어보는 회상을 하게 한다.

② 『삼강행실도(삼강행실도)』에는 범에게 부모, 자식, 남편 등을 잃은 가
족이 그 원수를 갚고 시신을 찾아오는 설화가 많이 실려 있는 것으로 보아
호환을 당한 가족들을 끝까지 지키는 유교 윤리 의식의 반영하고 있다.

• '호랑이 담배 피던 시절' = 마땅히 '아주 오래 전 세월'

'아주 오랜 옛날'이란 말의 의미는 본래 '호랑이 담배 태우던 시절'이란 말에서 유래했다. 여기에 다음과 같은 전설이 내려오고 있다.

한 호랑이가 늙어서 사냥하기가 힘들어지자 산행하는 사람을 잡아먹으면서 갑자기 사람이 되었다. 그 호랑이는 마을로 내려와 벼슬아치로 행세했다. 그러던 어느 날 호랑이를 잡으러 다닌다는 사람을 만났는데 알고 보니 그는 옛 친구였다. 정체가 드러날 상황이 되자 벼슬아치는 친구에게 혹시 담배 있으면 달라고 했다. 이에 친구로부터 담배를 얻어 태우면서 자신의 신세를 불쌍하게 말해 위기를 벗어났다는 내용이다. 이 전설은 말도 되지 않은 일들이 연속 벌어지는 세상을 풍자한 것인데, 훗날 그 내용은 없어지고 '호랑이 담배 피우던 시절에' 라는 구절만 남았다. 담배는 임진왜란 때 왜병을 통해 전해진 것으로 알려졌다. 이 시기는 매우 어지럽고 살기가 힘든 상황이라 온갖 불법과 편법이 벌어지고 불합리한 때를 상징적으로 표현한 말이다. 하지만 세월이 흐르면서 '불합리한 시절'이 '아주 오랜 옛날'이라는 뜻으로 바뀐 것은 어떤 연유일까? 그 배경은 산이 많은 우리네는 예부터 산신령이 호랑이를 타고 다닌다고 생각을 했다. 사찰 근처의 산신각에 모셔진 신신령의 그림 속에 산신이 호랑이를 타고 앉아 있는 모습에서 찾아진다. 여기서 호랑이는 산신의 심부름꾼이자 때로 산신이 변한 모습이기도 하다. 이런 속신이 호랑이와 담배와 착종되어 신선이 호랑이로 변신하여 담배 태우는 모습을 상상하기에 이른 것이다. 게다가 산신은 아주 오래 살아온 성스러운 존재이므로 '호랑이 담배 피우는 시절'은 마땅히 '아주 오래 전 세월'로 통한다

— 홍성남(한신대학교 국어국문학과 외래교수/고전산문전공) —

⟨출처 : http://www.ecumenian.com/news/articlePrint.html?idxno=7936⟩

③ 호랑이의 상징적 효과는 호랑이가 용맹함과 잡귀를 물리치는 액운의 방패막이로서 자신의 질병을 고쳐 줄 것이라는 복을 비는 풍속에 기인하는 효과이며 자신의 영혼을 위로하고 존재감을 향상하는 효과가 있다. 비호같다는 의미를 주며 자신감을 향상하는 효과이다.

④ 색칠 활동의 개념적 이해

- 색칠활동은 스위스 교육자 요한 하인리히 페스탈로치와 그의 학생 프리드리히 프뢰벨의 작품 시리즈에서 '예술의 민주화'의 목적으로 미국에서 나왔으며 1880년대에, 맥 로린 형제는 케이트 그리너웨이와 공동으로, 작

은 밥상 회화 책을 만들어 색칠하기' 책의 저자로 인정된다.

　- 비언어적 매체인 색칠은 지시 또는 통신의 기본 언어를 이해하지 못하는 그룹에서 응용되어지고 있다.

　⑤ 색칠 활동의 목적은 종이에 색연필로 색칠하며 치매 노인과 대화하며 놀이하는 것으로 창의력 발달과 손과 눈의 조정 복구 지원하며 색칠하기를 통해 감상능력이 향상된다.

　⑥ 색칠 활동의 효과는 색칠은 교육 도구로 건강 분야에서 다양한 응용 프로그램으로 사용하며 색칠은 노인에게 무슨 일이 있었는지 이해하기 위한 도구로 도움이 될 수 있고 스트레스 감소, 휴식을 주며 사용자가 작업한 것을 저장하고 공유할 수 있는 특징이 있다.

　⑦ 호랑이의 표상과 상징적 이미지 색칠하기

　ⅰ 색연필, 호랑이 도안 준비하기

　ⅱ 호랑이 색칠하기

6) 팥 죽 할멈과 호랑이

(1) 패러디의 개념적 이해

• '패러디(Parody)'란 "하늘 아래 새로운 것은 없다." 역사상 모든 작품은 직·간접적으로 전대 작품의 영향을 패러디한 자치 체계의 독창성을 확보한다. 대상이나 내용을 풍자하여 매체 특유의 희화화로 익살스러움을 극대화하여 익살 대상을 풍자하면서 관계와 소통의 맥락을 만들어 대중과 소통하는 역할을 한다. 포스트모더니스트의 주요 창작 방법으로 사용되고 있으며 새로운 실험의 촉매제가 되어 문화, 예술의 경계를 허물고 장르 융합, 발전되었다. '패러디스트(Parodist)' = 패러디 작가로 원작자에 종속되었다고 생각하기 쉬우나 실제로 원작자와 동일한 창조적 독자로서 인식되어지고 있다.

(2) 패러디 목적은 원작에 대한 인식 개선과 역사적 맥락 속에서의 재평가 및 재구축으로 의도적 모방을 통한 재창조하는 것이다.

(3) 패러디의 효과는 특유의 세계관과 독창적인 미학 창출되며 원작의 의미를 해체하고 새로운 의미 구축하게 되며 대중과의 소통 시도하는 것이다.

(4) 팥 죽 할멈과 호랑이 이야기의 이해

① 팥 죽 할멈과 호랑이 줄거리

- 옛날 어느 마을에 팥 밭을 매면서 사는 할머니가 살았는데 어느 날 호랑이가 할머니를 잡아먹으러 찾아왔다. 할머니는 팥이 다 자라면 팥죽을 쑤어 줄 테니 그때 잡아먹으라고 하고 시간을 벌어놓고 약속대로 나타난 호랑이를 알밤, 자라, 송곳 등 할머니의 팥죽을 얻어먹은 친구들이 할머니를 도와서 물리쳤다는 이야기이다.

② 팥 죽 할멈과 호랑이 이야기의 교훈은 약속을 지켜야 한다는 것과 작은 힘이지만 뭉치면 큰일을 할 수 있다는 협동의 중요성 인식하는 계기가

된다.

③ 팥 죽 할멈과 호랑이 이야기를 통한 기대효과는 이야기의 교훈을 통해 침착하게 대처할 수 있는 생활의 지혜를 배우고 사고력 확장에 도움을 줄 수 있으며 팥죽을 나눠먹고 걱정을 나누는 정을 이해하고 공감할 수 있다. 또한 '폴짝폴짝, 통통, 엉금엉금 척척' 등 의성어의 즐거움을 알게 된다.

④ 팥 죽 할멈과 호랑이 이야기 살펴보기

i. 팥 죽 할멈과 호랑이 이야기 전개

〈출처 : '팥죽 할멈과 호랑이', 저자 박윤규 (시공주니어), 그림책 박물관, http://mobile. picturebook-museum.com/artist_book.asp?b_code=5258〉

ii 팥 죽 할멈과 호랑이 이야기 속 숨은그림찾기

• 다음 그림에서 책 속 등장인물인 '알밤, 자라, 송곳, 물지똥, 돌절구, 지게, 멍석' 찾기

〈출처 : '팥 죽 할멈과 호랑이', 저자 박윤규 (시공주니어)〉

' 색을 활용한 몸과 마음의 통합치유'

7) 동극 활동

• 동극이란 동화내용을 중심으로 극화해보는 활동으로 극적 요소가 내포 되어 있으며 흥미 있어 하는 사건이나 경험 대상을 극화하려는 성향이 있다 즉 감정이입 → 재현 → 자신의 사고, 감정 표출된다.

(1) 동극 활동의 목적은 모든 사람들이 활동에 적극적인 참가자로서 다양한 학습을 하게 함으로써 연기자(Player), 관객(Audience), 연출자(Playmaker) 간 언어적 의사소통의 기회 제공이다.

(2) 동극 활동의 효과는 이해력 증진, 듣기 능력 향상, 타인 조망능력 발달이다.

(3) 동극 활동의 장점은 긍정적 자아개념 형성, 사회적 가치의 학습 도움, 표현력이 발달 된다.

(4) '팥 죽 할멈과 호랑이' 동극 활동의 실제

① 팥 죽 할멈과 호랑이 동극 준비하기

• 등장인물의 제작과 치료실 물건 중에서 선택하여 꾸민다.

• 무대 배치는 이야기가 진행되는 순서대로 배치한다,

• 치매 어른들이 볼 수 있도록 무대 가운데 정면으로 배치한다.

• 관객의 시야를 가리지 않도록 배치한다.

② 팥 죽 할멈과 호랑이 동극 배역 정하기

• 등장인물의 동극을 처음 시작할 때는 모델링의 기회 제공

• 흥미 있는 인물은 마지막에 선정

• 성 역할에 대한 고정관념을 갖지 않도록 선정

• 하나의 배역에 2-3명의 사람이 가능

• 배역을 정해주는 방법을 다양화

• 다른 반의 동극 과정을 관찰함으로써 동극에 접근

개작 작품 소개하기 ('팥 죽 할멈과 호랑이' 조대인 글/최숙희 그림/ 보림)

내레이터 : 옛날, 옛날 깊은 산속에 꼬부랑 할머니가 팥 밭을 매고 있었어요.

팥죽할멈 : 애고, 애고 힘들다. 애고 힘들어.

내레이터 : 그때 갑자기 커다란 호랑이 한 마리가 나타났어요.

호 랑 이 : 어흥~배가 고프니 할멈을 잡아먹어야겠다.

팥죽할멈 : 아이쿠! 호랑아 제발 살려다오. 제발 흑흑

호 랑 이 : 뭐! 살려 달라고? 할멈, 나랑 내기하자. 밭매기 내기해서 할멈이 이기면, 내가 밭을 다 매주고 내가 이기면 할멈을 잡아먹고.

내레이터 : 할머니와 호랑이는 밭매기 내기를 했어요. 할머니가 풀 한 포기를 뽑는 동안 호랑이는 밭 한 고랑을 뚝딱 다 맸어요. 호랑이가 내기에 이겼어요.

호 랑 이 : 어흥 내가 이겼지. 할멈을 잡아먹어야겠다.

팥죽할멈 : 호랑아! 나를 살려다오. 그러면 이 팥을 잘 가꾸어 맛있는 죽을 쑤어주마. 그때 가서 팥죽도 먹고, 나도 잡아먹고 좋지?

호 랑 이 : 맛있는 팥죽을 해 준다고? 팥죽도 먹고, 할머니도 잡아먹고, 좋아!

내레이터 : 가을이 오자 할머니는 팥을 거두고, 가마솥 가득 팥죽을 쑤었어요. 팥죽을 하고 나니 호랑이가 잡아먹으러 온다는 생각에 엉엉 울었지요. 그때였어요. 알밤이 다가왔어요.

알　밤 : 할머니, 할머니 왜 울어요?

팥죽할멈 : 오늘 저녁에 호랑이가 날 잡아먹으러 온다고 해서 운다.

알　밤 : 팥죽 한 그릇 주면 못 잡아먹게 하지.

내레이터 : 할머니는 팥죽을 듬뿍 주었어요. 알밤은 아궁이 속에 숨었어요. 할머니가 또 엉엉 울고 있는데, 자라, 개똥, 송곳이 다가왔어요.

자라, 개똥, 송곳 : 할머니, 할머니 왜 울어요?

팥죽할멈 : 오늘 저녁에 호랑이가 날 잡아먹으러 온다고 해서 운다.

자라, 개똥, 송곳 : 팥죽 한 그릇 주면 못 잡아먹게 하지.

내레이터 : 할머니는 팥죽을 듬뿍 주었어요. 자라는 물독 속에, 개똥과 부엌 바닥에 눕고 송곳은 꼿꼿이 섰어요. 할머니가 또 엉엉 우는데 절구가 쿵덕쿵덕, 멍석이 털썩털썩, 지게가 어정어정 걸어왔어요.

절구, 멍석, 지게 : 할머니, 할머니 왜 울어요?

팥죽 할멈 : 오늘 저녁에 호랑이가 날 잡아먹으러 온다고 해서 운다.

절구, 멍석, 지게 : 팥죽 한 그릇 주면 못 잡아먹게 하지

내레이터 : 할머니가 팥죽을 주자 절구는 팥죽을 먹고 문 위로, 멍석은 앞마당에, 지게는 마당 한구석에 섰어요. 날이 어두워졌어요. 호랑이가 할머니를 잡아먹으려고 나타났지요.

호 랑 이 : 할멈, 할멈 내가 왔어. 어두운데 불을 켜야지?

팥죽할멈 : 으응, 왔어. 부엌 아궁이에 불씨가 있으니 네가 가져오너라.

내레이터 : 호랑이가 불씨를 찾으려고 아궁이를 들여다보는 순간 알밤이 톡 튀어나와 호랑이의 눈을 딱 때렸어요.

호 랑 이 : 앗, 따가워! 눈에 재가 들어갔잖아. 물이 어디 있지?

내레이터 : 호랑이가 물독에 손을 넣자 자라가 호랑이의 손을 꽉 깨물었어요.

호 랑 이 : 으악!

내레이터 : 호랑이는 아파서 펄쩍 뛰다가 부엌 바닥에 있던 개똥을 밟고, 쭈르르 미끄러졌어요. 그러자 바닥에 송곳이 호랑이 엉덩이를 푹 찔렀어요.

호 랑 이 : 쩍, 아이쿠! 호랑이 죽네!

내레이터 : 호랑이는 깜짝 놀라 소리를 지르며 부엌 밖으로 뛰어나갔어요.

절　구 : 야! 호랑이 너 아직 혼나려면 멀었어. 내 박치기 맛 봐라.

내레이터 : 절구가 호랑이 머리를 '쿵' 치자 호랑이는 앞마당에 펼쳐진 멍석 위에 털썩 쓰러졌어요. 멍석은 호랑이를 뚜르르 말아 꼼짝 못하게 했어요.

멍　석 : 야! 지게야, 이 녀석을 저기 한강에다 버리고 와라. 다시는 할머니를 괴롭히지 못하게.

지　게 : 그거야 쉽지. 내 얼른 다녀올게.

내레이터 : 지게는 호랑이를 한강에 풍덩 빠뜨렸어요. 이렇게 해서 할머니는 호랑이에게 잡아 먹히지 않았답니다.

③ 동극 활동 진행 및 공유하기

• 각자 배역을 나누어 등장인물에 맞는 목소리를 설정하고 연습한다.

• 각자의 역할(할멈, 호랑이, 알밤, 알밤, 자라, 송곳, 물지똥, 돌절구, 지게, 멍석 등)에 맞게 동극으로 발표를 한다.

• 동극으로 표현한 소감을 이야기를 나눈다.

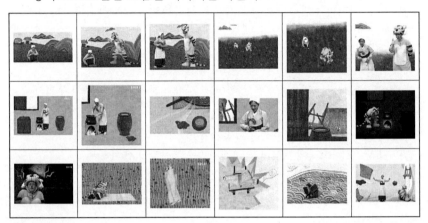

〈출처 : EBS1, https://www.youtube.com/watch?v=AfF1UvsLm04 (동극 동영상 4분 28초~8분 41초)〉

④ '동극 활동'의 치매노인 케어 효과

• 태도와 규칙을 판단하는 감각 향상된다.

• 연기자의 태도와 관람자의 태도로 나누어 다룰 수 있다.

• 대사가 끊겼을 때 연결하는 능숙함을 보인다. (관람객의 박수를 통한 촉진)

⑤ 치매 노인의 동극 활동 시 주의사항

• 책으로 이야기를 충분히 인지시킨 후 배역을 선택하게 한다.

• 해설, 할머니, 호랑이 등의 배역을 하면서 어르신들이 역할에 따라오게 유도한다.

• 예 알밤의 역할의 어르신일 때 강사는 이야기를 끌고 가면서 어르신이 "왜 울어요?", "팥죽 주세요.", "혼내줄게요." 등 짧은 대사를 할 수 있도록 유도한다.

4

마음 챙김 정서 돌봄

1) 맞춤형 정서 돌봄

(1) 노인기의 삶은 뇌의 각종 질환으로 인하여 지적 능력을 상실하는 경우를 의미한다. 즉, 부모에게 부여받은 신체가 시간이 지남에 따라 퇴화하고 건강하고 성숙한 뇌가 후천적 외상이나 질병 등 외부 요인에 의해서 손상, 파괴되거나 퇴행성 뇌혈관 질환을 일으키는 것이다. 질환의 후유증으로 기억력, 언어능력, 지남력, 판단력 및 수행능력 등 기능이 저하됨으로써 일상생활의 지장을 초래하며 의료비의 증가를 낳고, 우울증을 앓는 시니어, 노인의 인지적 오류를 돌보아야만 한다.

◆ 노인의 인지오류증상 원인
◆ 개인적인 원인은 요람에서 무덤까지를 거스르며 자녀와 부모의 관계에서 어머니를 향한 아들의 오디프스 콤플렉스, 딸의 엘렉트라 콤플렉스인 욕망 등 자아가 상실된 생각으로 미래를 계획하는 무감정선택이 세월이 흘러 개별적 역사가 거듭될수록 방향성과 초점을 상실하게 됨
◆ 삶의 부제를 보면 사회적 소속감을 갖는 사회초기에는 솔직하고 신뢰, 책임감 형성의 라포(Rapport) 관계 형성을 못하였음
◆ 의존하는 관계에서 만족은 없고, 욕망은 잉여의 영역이 됨

---

(2) 인지오류는 퇴행성 뇌 질환의 부분으로 나이가 들어감에 따라 인간의 지적능력을 담당하는 대뇌피질이 손상으로 인지기능 저하 등 다양한 증상들이 나타난다.

(3) 혈관성질환의 인지오류증상은 뇌동맥경화, 뇌졸중, 뇌경색 등의 다양한 뇌혈관질환에 의해 뇌 조직이 손상을 받아 발생하는 유형인데 삶의 DIY, 춘하추동 집 콕 시간의 활동으로 뇌의 혈액순환을 향상시키며 신경세포가 점차 사멸시간을 늦추면서 고혈압, 당뇨병, 고지혈증, 심장병, 흡연, 비만 등이 있는 사람에게 지능이 저하를 지연시킨다.

◆ 혈관성질환의 인지적 증상(Cognitive symptom)

• 초기부터 편마비, 구음장애, 안면 마비, 연하곤란, 편측, 시력상실, 시야장애, 보행 장애, 요실금 등 신경학적 증상을 동반하며 중증장애를 초래하는 상태가 악화됨

• 기억력감퇴로 시작되어 다른 인지 영역의 퇴행에 동반되며 장·단기 기억력감퇴 또는 상실, 지남력의 상실, 실어증으로 나타남.

• 뇌의 전두엽 기능이 떨어져 추상적 사고나 정보를 처리하는 능력 저하로 인한 판단력 상실의 언어정애가 나타남.

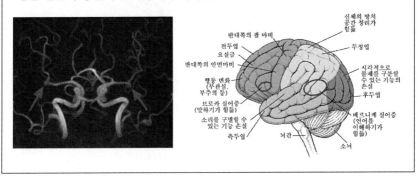

〈출처 : https://m.health.chosun.com/, https://www.msdmanuals.com/ko〉

(4) 자신의 삶에 자아정체성을 찾고 지지부진하던 개인의 꿈에 효과적인 개입을 통해 꿈을 이루도록 만들어 간다. 그러므로 삶의 DIY, 춘하추동 집콕 시간을 활용할 궁리를 즐기는 것으로 치매노인상황의 예방적 케어를 진행한다. 예를 들면 오래된 가구 등은 아크릴 물감으로 집안의 소품이나 가구에 예쁜 그림을 그려 집안을 화사하게 꾸민다. 자신의 꿈을 계획하여 자신에게 시간을 투자하고, 자신이 좋아하는 것을 고르는 것에는 다 이유가 있을 것이다. 개인잔존능력이 작동하고 감각적으로 강렬하게 나에게 와서 착시되는 현상으로 자신에게 시간을 투자하면 무의식의 기억을 불러일으키는 시간을 갖게 된다.

2) 마음 챙김의 오감 깨우기

(1) 개념

가. 오감표현으로 개인, 집단, 조직, 가족, 사회적 대상을 이해한다.

나. 원만한 대인관계를 맺어 소통, 협동의 공동체를 키워간다.

다. 모든 사람은 각각 감각이 다르다는 개인차원의 접근을 한다.

(2) 안내

자신의 기쁨표현-촉각, 놀람의 소리-청각, 맛있게 먹기-미각, 멋진 세상 바라보기-시각 등을 표현하는 5가지 감각표현으로 무의식과 소통하기에 따라 자연스러운 유머 표현을 하여 평소 갖고 있는 자신감을 외부로 표현하는 마음근력을 향상해 가는 과정이다.

(3) 방법

① 개인이 갖고 있는 개성, 5감, 행복, 사랑 등 신체적, 정신적 감각을 톡톡히 깨워주는 감각개발이다. 그리고 내가 새롭게 태어날 수 있도록 개인의 화합, 지인과의 지속적인 소통을 위하여 즐거운 감각프로그램을 진행한다.

② 옆 상담사와 내담자가 눈을 맞추고 우정의 인사로 악수하며 인사를 한다.

③ 평소 잘 알고 지내는 관계이지만 마음 근력을 더 자극하기 위해서 각

자 마음의 문을 열고 친근감의 박수로 '짝짝짝' 밝은 마음으로 옆 짝꿍과 손바닥 마주치기, 박수, 촉각을 꺼내는 의미에서 반갑게 터치한다.

④ 감각을 업 시키기 위해 사랑 인사법을 나눠 본다.

> 자! 서로의 감각 키우기 작업으로 상담사와 내담자는
> 안녕하세요. 반갑습니다.대한민국 최고의 멋진 나 00- 000입니다. 로 대인관계를 넓힌다.
> 제가여러분을 뵙게 되니 열정의 에너지가 흐르는 것 같습니다.
> 이 세상에서 가장 아름다운 새가 있다면 어떤 새가 가장 아름다울까요?
> – 촉새 사랑새 우리아빠 발 냄새 –가슴을 활짝 펴고 저를 따라해 보겠다.
>
> 답: 날새......
>
> 이 세상에서 가장 아름다운 쥐가 있다면 ?
>
> 답: 나쥐......
>
> – 유의사항
> 인생의 있어서 3가지만 잘해도 성공 할 수 있다.
> 인사해 칭찬해 긍정해
> 누구나 자신에게 반갑게 인사하고 친절하게 하는 사람을 좋아하게 된다.

• 하이파이브 인사

손을 엇갈리면서 상대방과 손 벽을 친다. 손을 X— 로 시작한다.

반갑습니다. 사랑합니다.

인사는 밝게 입 꼬리 올리고 없던 즐거움도 불러오는 것이다.

과거 인사 1위는 어머나 '너 공부 잘하게 생겼다'' 였지만, 현재는

돈복이 있어 보인가 인사하면 대부분 기분이 좋아진다.

② 5감 터트리기

특이한 경험, 재미있었던 경험 등 자랑할 것이 있으면 모두 포함시켜 신체 감각 깨우기로 발산을 한다.

손뼉을 치며 발을 구르며, 양팔을 하늘위로 벌려 큰소리로 한번 감각을 깨워보라. 세상이 편해 보이며, 불가능이란 없어 보인다.

* 박장대소 5감 - 10초 동안 손뼉을 치며 크게 하하하 감각을 깨움
* 책상대소 5감 - 책상을 두 손으로 크게 치면서 감각을 깨움.
* 뱃살대소 5감 - 뱃살을 빼기위해 두 손바닥으로 때리면서 감각을 깨움.
* 포복졸도 - 바닥에 눕거나 구부려 앉아 크게 감각을 깨운다.
* 요졸복통 - 허리가 끊어지고 배가 아플 정도로 20초 이상 감각을 깨움
* 파안대소 5감 - 소리로 '파'하면서 크게 감각을 깨움.
* 폭풍 5감 - 5초 동안 폭탄이 터지듯 짧게 크게 감각을 깨움.
* 홍소5감 - 얼굴이 붉어질 때까지 감각을 깨움
* 기차5감 - 사회자의 손 사인에 따라 감각을 깨움
* 337박수 응원처럼 박자에 맞춰 기차의 칙칙폭폭 등 다양한 감각을 깨움
* 아에이오우5감 – 아 하하하 에 하하하 이 하하하 오 하하하 우 하하하.
* 손뼉5감 - 노래하면서 손뼉을 치는데 상담사의 구령에 따라 하나하면 오른쪽 사람의 손에 손뼉 한번 치고, 둘하면 두 번 치고, 셋 하면 세 번 치고, 넷 하면 Z박수로 상하 좌우로 손뼉을 크게 치고 다섯 하면 어깨동무하고 여섯 하면 어깨춤을 추고 일곱 하면 옆 사람 옆구리를 간지럼 태움

(4) 기대효과 / 마무리

① 행복한 감정을 조성하게 된다.

② 적절한 신체적 자극으로 즐거워지고 자신에 대한 탐색을 한다.

③ 자기이해와 수용을 하고 나의 존재와 특성을 인정하게 된다.

3) 마음 챙김 자기인지

마음 챙김은 잡념이나 고통 등은 본래 몸이나 마음에서 일어나는 특정한

감각이나 생각(1차 자극 혹은 1차 감각)을 인간의 뇌와 신체가 본래와는 다른 형태로 특정한 자극(감각, 생각)에 임의로 반응(2차 반응)하면서 구체화된다고 본다.(예: 반사(조건반사, 무조건반사), 행동주의, 고전적 조건형성) 즉, 만물과 세계 그 자체는 가만히 있는데 인간이 스스로 그것에 반응을 보이는 결과가 잡념이나 고통 등이라는 뜻이다. 유명한 격언 중 '산은 산이요 물은 물이로다' 즉, 어떤 것에 심리적 프레임, 즉 선입견이나 색안경을 끼고 보지 말고 그대로 보는 것이 중요하다는 말씀으로도 볼 수 있다는 이런 뜻으로 나온 말이다. 따라서 이 활동은 몸의 모든 육체적 감각과 생각을 계속 관찰하면서, 해당 감각과 생각 등의 자극에 되도록 반응하지 않는 것(무반응)을 목적으로 한다.

일단 생각과 몸의 감각에 대하여 2차적으로 반응하지 않고(특히 스트레스 반응생체에 가해지는 여러 상해(傷害) 자극에 대하여 체내에서 일어나는 비 특이적인 생물반응에 그저 관찰하는 능력을 키워야 하는 것이다. 야동 같은 야한 생각이 나거나 기타 게임, 유혹, 자극적인 생각, 트라우마, 과거의 안 좋았던 기억 등 떠오르거나 생각하면서도(플래시백, 이불킥 참조) 반사적으로 2차적 신체적 정신적 반응이 일어나지 않고 그저 그러한 생각 조무래기들을 관찰하도록 노력하는 것이기 때문이다. 혹은 모기에 물려서 가렵다든가 춥다거나 덥다거나 배고픈 것이어서 관찰을 숙달시키기에는 연습이 따라야 한다.

어떻게 보면 자기 자신을 인지하기 위하여 2차 반응이 일어나지 않도록 억눌러야(참아야) 한다고도 볼 수 있는 것이다. 인간의 뇌와 신체는 기본적으로 1차 자극이 오면 2차 반응이 오도록 설계되어 있다. 하지만 그냥 '아 이런 자극이 있구나.'라고 알아차리기만 해도 '자극-반응'의 자동적 전개를 방지할 수 는 있을 것이다. 우리의 생각은 '다리가 굵은 코끼리를 생각하지 마시오'라는 말을 듣는 순간 이미 다리가 굵은 코끼리를 떠올리게 된다. 단순히 억누르는 것으로는 자극과 반응 사이의 연결고리를 알아차리기 어려울 뿐더러, 억누른다는 것은 어쨌든 거기에 계속 맞닿아 있다는 소리다. 그저 '다리가 굵은 코끼리라는 말을 들으니(자극) 다리가 굵은 코끼리가 떠오르는구나.(반응)'라고 알아차리고, 그 자체를 매듭짓는다면 더 이상 거기에 마음을 뺏길 이유가 생기지 않는다.

마음 챙김의 수용전념치유(Acceptance & Commitment Therapy: ACT)는 인간이 겪는 괴로움이라는 심리적 고통의 문제에 대한 통찰과 이를 극복하고 좌뇌가 주도하는 분별적 사고를 잠깐 정지시키고 우뇌를 활성화하는 효과적 도구라고 보고 있다. 마음 챙김에서는 깨달음의 의미, 자아에 대한 집착, 범주화 등 '좌뇌의 독재'를 인식하고 이에 속지 않는 것으로서 수용전념치유 ACT에서는 심리적 고통은 그 자체로 비정상적이거나 문제가 아니며, 오히려 정상적이라고 할 만큼 인간에게 보편적으로 존재하는 현상으로 보는 것이다. 많은 증상이나 부적응적 행동이 생각, 감정과 같은 사적 경험을 피하거나 억제하려는 시도에서 생긴다는 관점에 기초하고 있는 수용전념치유 ATC에 대해 깊이 있게 이해하는 경험의 회피가 효과적이지 않음을 받아들이기 마련이다. 그렇다면 무엇을 할 것인가, 계속 나아가기위해 자신의 신체와 정신을 잘 살펴보는 숙련을 한다면 욕구를 억누르는 데에 쓰는 에너지를 절약할 수 있고 장기적으로 볼 때에는 수행법을 찾은 것이다.

자기 인지의 내면 상태를 살펴보고 자신의 마음을 인지하며 바라보고 점검한다. 메타인지(Metacognition)는 자신의 의식 상태를 마치 제3자가 바라보는 것처럼 자신을 객관적으로 바라보고(여기서 메타Meta는 '상위, 위'를 가리키는 영어 접두사로서 자신보다 더 상위의 존재가 자신을 쳐다

보고 있다는 뉘앙스를 지니고 있다.) 자신의 상태(감정, 컨디션, '특정한 것을 잘 알고 있는가 모르는가', '나는 정확히 무엇을 모르는가', '나는 지금 무엇을 생각하고 있는가', '나는 지금 무엇을 실행하고 있는가' 등)를 점검하고 그러한 의식 상태 등을 자기 스스로 조절하려는 인지 능력을 가리킨다. 그리고 그냥 1차 자극에 반응을 보이지 않고 관조하자는 것만 해도 된다. 상상을 하는 것(즉 시각화) 자체가 뇌의 에너지를 많이 소모하고 뇌를 피곤하게 만드는 행동이기 때문이다. 그 특유의 객관화의 느낌을 알면서 어느 정도 레벨이 되면 굳이 시각화할 필요도 없고 말이다. 상상은 '자기관찰'을 도와주는 역할을 하는 것일 뿐. 핵심은 어디까지나 온전히 '느낀다'라는 것으로 마음 챙김을 식이요법과 접목하기도 한다.

(1) 개요
가. 상호간의 이해 증진, 친밀감 증진, 공감대를 형성한다.
나. 평등한 인간관계를 맺어간다.
다. 모든 사람은 각각 개성이 다르고 소중한 존재임을 알아차린다.

(2) 안내
구성원이 자신의 별명의 연유로부터 시작하여 '자기소개 하기' 양식에 따라 평소 지니고 있는 독자적인 자기세계를 밖으로 표출함과 동시에 상대의 개성을 이해하고 다시 자신을 정리함으로써 구성원에게 공언하는 과정이다.

(3) 방법
① 새롭게 태어날 수 있는 부대 화합 프로그램을 진행 한다.
악수하며 인사를 나눈다. 좀 더 가까워지기 위해서 각자 마음의 문을 열

고 밝은 마음으로 인사한다. 항상 긍정적이고 반갑게 인사해서 이미지를 좋게 만드는 스킬도 필요하다.

② 별칭 짓기

사람들은 일상생활에서 자기 자신을 소개할 때 흔히 이름, 소속 등을 소개하지만 잘 기억이 되지 않는다.

자신의 이름을 타인에게 기억시킬 필요가 있다.

- '자기 소개하기'에 기재한 내용은 활동자료#1 양식의 해당 내용을 망라하되 별칭, 특이한 경험, 재미있었던 경험 등 자랑할 것이 있으면 모두 포함시켜 기재한다.

- 어렸을 때 친구나 주위 사람들로부터 불렸던 별칭, 또는 그런 별칭이 없으면 지인들에게 불리고 싶은 별칭을 생각하여 꾸미기를 한다

③ 재미있고 잘 어울리는 별칭을 지으셨군요.

'자기 소개하기'에 기록한 내용들을 이야기 한다.

이야기를 들으면서 혹시 궁금하거나 특별히 전해줄 말이 있으면 간략하게 반응을 해도 좋다.

치료사부터 먼저 이야기한다. 치료사의 별명은 00이며 이유는 00이다.

④ 아래와 같이 별칭을 불러주면서 별칭 익히기를 한다.

별칭 익히기
- 나는 OOO입니다.
- 나는 OOO옆의 OOO입니다.

---

⑤ 자기 별칭과 자신을 소개하고 자기 별칭을 직접 지어본 느낌이나, 별칭에 대한 발표를 들으면서 서로를 이해하는 좋은 기회가 된다.

(4) 기대효과

가. 즐거운 분위기를 조성하게 되는 특성이 있다.

나. 개인의 행동에 큰 영향을 미친다는 것은 알게 된다.

다. 다른 사람이 자기를 보듯이 스스로를 관찰함으로써 자기이해와 수용을 통하여 노인 분의 존엄성을 갖게 된다.

성 명	
별 칭	
이 유	
추 억	
슬펐던 일	
가족 관계	
친구 관계	
가치관	
최근 관심사	

4) 마음 챙김 수중 식물 & 치유정원

(1) 개요

- 흙, 햇빛, 공기 바람의 녹색을 빛이 절묘하게 어우러진 실내에 수중 식

물공간을 설치하여 식물이 풍성하고, 물소리가 연상할 수 있는 공간을 구성한다.

- 실내 치유정원을 구성하여 아프거나 쉬고 싶은 현대인들의 지친 삶에 녹색과 파랑을 떠올리고 자연을 그리워하며 상처 입은 마음마저 어루만져준다.

- 공간은 사용하는 다양한 사람들의 사용 가능성을 염두에 두고 이루어져야 한다." 라는 상식과 원칙은 치유 정원에도 적용한다.

* 치유정원목적
- 지나친 경쟁에 두려움을 완화시킬 목적으로 치유공간을 제공.

(2) 준비물
- 재활용 플라스틱 페트병, 수정 돌, 뿌리식물, 안락의자

(3) 활동과정
- 흙속에서 자라던 식물은 뿌리를 씻어서 물이 들어있는 화분에 옮김
- 햇빛 바라기로 식물의 얼굴을 돌려 줌
- 화병가장자리의 물, 이끼 등을 제거해 줌
- 물을 갈아줄 때 뿌리부분도 씻어 줌

(4) 기대효과
- 뿌리가 활착을 하고 성장하는 과정을 관찰하며 호기심을 갖게 된다.
- 수중식물의 뿌리에 공기가 저장될 수 있도록 통기조직이 발달함을 확인한다.

◆ 치유정원 디자인 필요성

• 녹색의 물빛은 개인의 소유욕의 질투와 시기심, 욕심의 과잉을 중재하는 마음 근력을 잡는 중재학습을 한다.

• 수중 식물디자인으로 미래 100세 시대를 시작하는 단계로 개인의 소망의 분위기와 방향을 설정하고 삶의 목적, 목표과정을 결정한다.

• 자신의 마음을 이야기하는 절대적 지지자와 두 사람이 호흡과 분위기를 조율하는 것이 중요 영역이므로 조기발견으로 조기치료이다.

사계절 꽃 피는 화초가 있다. 온도, 햇빛, 통풍만 신경을 쓰면 사계절 내내 아름다운 꽃을 피우는 화초로 실내에서 키우기 쉽고 꽃이 예뻐서 인테리어 효과가 매우 뛰어나며 공기 정화 능력까지 있는 꽃 피는 화초를 집에서 키운다. 집안에서 형형색채의 꽃을 보는 것은 심리적 안정과 소뇌의 자극을 촉진한다.

5) 치유원예 및 튤립 꽃 만들기

(1) 치유원예의 이론적 접근

■ 치유원예란?

• 식물과 정원을 가꾸는 활동으로 치료적 개입이다

• 자연을 통하여 눈과 마음을 편안하게 하는 다채로운 색감이다

- 예술과 원예식물에서 연계되는 내면의 즉흥적 표현의 소중함을 알아갈 수 있다.

• 자연 친화적 체험으로 정원을 가꾸는데 작은 공간만 있다면 일상에 쉽게 적용된다.

• 내면의 소리를 더 잘 들을 수 있는 치료적 기법이다.

- 꽃을 심고 가꾸면서 꽃의 성장 과정과 식물이 가지는 존재의 가치를 인식할 수 있는 예술치료이다.

• 생명이 자라도록 돌보는 과정 ⇒ 예술치유의 무의식적 행위로 행동수정을 한다.

- 대근육(하체와 어깨)을 사용

- 스스로 자아 존중감을 형성

■ 치유원예의 목적

• 실외활동으로 건강관리목적

- 건강한 삶을 유지하기 위해 하루에 마시는 공기는 20~30kg이며, 실내 밀폐된 공간과 오염된 답답함으로 건강에 악영향을 초래할 수 있다

• 식물 가꾸기 활동으로 근육을 적절하게 골고루 자극할 수 있음이다.

- 감정 회복에 초석에 목적

• 꽃과 시간 보내는 것은 눈을 깜빡(거울 뉴런)이며 두뇌에 긍정적인 영향 전달하여 해방감 느끼게 한다.

■ 치유원예의 효과

• 가까운 지인과 즐거운 마음으로 '식물 가꾸기' 통한 심신 건강의 촉진이다.

- 근력운동으로 근섬유가 자극됨

- 자연스럽게 웃으며 행복해하는 가족의 사랑을 확인할 수 있다.

• 태양광선을 쬐는 것(일광욕)

- 비타민 D 형성

- 신체의 면역체 관련 물질의 변화 ⇒ 근육을 성장시켜 NK세포가 활성화

• 동물, 식물과의 교감을 통해치매노인을 예방할 수 있다.

■ 치유원예의 장점

• 식물의 돌봄 기능은 신체 거동이 불편한 노인에게 집에서 오감을 사용하는 기회를 제공 한다.

• 식물에 물주기 활동은 실내에서도 퇴화된 신체의 운동을 할 수 있다

• 절화(꽃꽂이), 식물재배의 꽃에 대한 감상으로 감수성을 자극 한다

• 키우는 조건이 까다롭지 않은 식물은 햇빛이 잘 드는 실내 장소 어디에 두어도 잘 자라며 물을 주고 습도를 조절하는 감각정서를 유지한다.

〈출처: 식물도감 https://www.treeinfo.net/plant/list.php〉

(2) 나만의 튤립 꽃 만들기

① 튤립 꽃 심기

- 실외에서 자라던 튤립 꽃들을 직접 골라 실내의 화분에 꽂고 가정에서 키우도록 돕는 체험이다

- 직접 흙을 만지고 튤립 꽃을 꽂으면서 심리적, 정서적 안정을 추구한다.

- 식물을 가꾸고 돌보는 행동을 통해 이타심과 배려심을 기르는 것이다.

- 흙을 만지며 화분에 제작하는 과정에서 마음의 평화로움을 얻을 수 있다.

- 흙은 생명의 근원이고 터전임을 알 수 있다.

② 활동 목적

- 절기, 세기 풍속에 기반한 체험 프로그램으로 이웃, 가족과 소통하는 프로그램이다.

- 대상자의 요구에 부합하도록 치유서비스 프로그램을 개발하여 적용함

으로써, 대상의 삶의 질 향상에 기여하며, 다양한 사회적 문제를 감소하기 위한 치매노인 예술케어의 원예 예술프로그램을 개발하고 적용하는 목적이다.

- 자연 친화적 매체는 화훼장식의 구도와 꽃을 꽂는 동적 느낌을 인지 치유하는 목적이 있다.

③ 효과

- 원예에 대한 이론과 기술습득 과정을 통해 발달 자극과 사회성 발달 등 인지 훈련효과이다.

- 씨앗의 파종과 성장의 활용 등 치유원예 활동을 통하여 자신의 정체성 확립에 기여

- 꽃과 식물 및 다양한 원예활동을 통하여 자연환경의 중요성 및 생명 가치의 소중함을 느낀다.

④ 나만의 튤립 꽃 만들기 장점

- 튤립 꽃의 은은한 색채 ⇒ 건강한 기분을 생산

- 맑은 공기를 채집할 수 있음

- 반려 식물을 내 손으로 디자인 ⇒ 가치 창출

(3) 튤립 꽃꽂이하기

• 튤립 꽃의 조화 ⇒ 자연 탐구, 교육, 체험·건강을 함께 해결할 수 있음

• 직접 선택한 화훼식물을 이용하여 디자인하고, 치유원예 과정 이수하면서 심신 안정을 도모할 수 있다

• 원예활동 체험을 통한 신체, 심리 적응력을 기르고 육체적 재활과 정신적 회복 추구한다.

① 준비물

- 색색의 튤립 꽃, 토분과 유리화분, 배양토, 안개꽃, 스칸디아모스 등

② 꽃꽂이 순서

- 사용될 튤립 꽃과 부재료를 준비함

- 토분에 흙을 담음

- 튤립 꽃의 키를 조화롭게 교정(1주지, 2주지, 3주지)하여 부등변 삼각형 구도로 형태를 잡아준다

- 1주지 : 튤립 꽃의 키 높이를 3주지의 꽃보다 1.5배 크게 하고 15도 정도 기울임

- 2주지 : 1주지의 3분의2 크기로 자른 후 40 ~ 60도로 꽂음

- 3주지 : 2주지의 3분의2 크기로 자른 후 90도로 꽂음

- 색색 꽃의 배색을 살피고 여백의 미를 표현함

- 튤립 꽃들이 햇빛을 받고 자라는 것처럼 꽃을 마주보게 함

['튤립 꽃꽂이하기' 작품]

['튤립 꽃꽂이하기' 준비 재료]

■ '나만의 튤립 꽃 만들기'의 치매노인 케어 효과

• 예술 원예활동을 통해 치매노인 환자에게 '지금보다 더 좋은 날'을 누리도록 기대 한다.

• 치매노인의 작업은 병에 걸리기 전의 삶에서 나오는 행동으로, 단어에 대한 기억을 잃어버릴지라도 시각적 기억은 최고 수준이기 때문에 튤립의 형형 색은 정서적 안정을 제공한다.

• 원예 및 조형 활동 행위가 눈으로 보고 손끝으로 느끼는 뇌 자극을 함으로써 창의성을 강화한다.

〈출처: 식물도감 https://www.treeinfo.net/plant/list.php〉

6) 조형 활동 및 벚꽃 만들기

① 조형 활동의 이론적 접근

■ 조형 활동이란

• 형과 색으로 된 각각의 재료를 만져보고 구겨봄으로써 자료의 의미와 느낌을 동시적으로 받아들이고, 변화를 적극적으로 활용하여 직접경험을 통해 발견하는 능동적 탐색을 말함

• 조형 ⇒ 재료가 되는 물질을 가지고 형태와 구조를 만듦

- '문제 인식-탐색-적용'의 단계별 활동 과정을 통해 구상이라는 존속을 의미함

• 대상에 대한 기능을 부여하여 일련의 연속적 전개 활동

- 조형의 기하학적 추상과 서정적 추상의 표현원리를 통한 내적의 미 등을 창조하는 총체적인 원리

■ 조형 활동을 통한 단계별 소통 과정 및 목적

• 인식단계 : 내면의 정서, 감정이 만나는 찢기 활동은 반복 행위로 신체에 강약의 감각 소통을 높임

• 탐색단계 : 하얀 종이 위에 색, 형태는 자신의 문제를 찢겨진 종이에 투사하고 부서지는 갈등을 형태나 선택한 재료의 색채로 조사하고 표현함 ⇒ 내면에 심리적 소통

• 적용단계 : 종이를 마구 찢어놓은 스트레스를 유발하는 혼돈 속에서 점차 구상작업을 하며 주변을 정리 ⇒ 구성변화에 대해 작품을 접근하며 문제를 해결

■ 조형 활동을 통한 소통의 장점

• 조형 활동의 인식은 활동 방법을 효과적으로 달성할 수 있음

- 인식은 중요한 심상의 요소가 되어 그 심상이 긍정 성격 형성에 중요한

역할을 함

　• 조형 활동은 사전에 파악한 발달 수준 및 관심에 기초하여 활동을 늦추거나 빨리 진행할 수 있음(속도감 조절 가능)

　• 조형 활동을 시범적으로 보여주면서 주도적인 전달자의 내용을 듣는 역할을 하여 일상생활에도 자연스럽게 연계 (맞춤형치매노인 예방을 위한 두뇌 건강 솔루션 역할)

　② 벚꽃 만들기

　■ 벚꽃 만들기 재료

　• 도화지, 나뭇가지, 스칸디아모스* 20g, 분홍색 한지색종이* 10장

　※ 벚꽃의 잔디를 만드는 '스칸디아모스'

　- 스칸디아모스는 북유럽의 스칸디나비아반도에서 자라는 천연이끼

　- 순록의 먹이인 스칸디아모스는 자라는 속도가 매우 느리고 북유럽지역의 청정 지역에서 채취함

　- 습기를 먹고 살며 미세먼지를 잡아줌

　- 비치된 벚꽃 작품은 치매노인을 위한 공기청정기 역할, 습도 조절

　- 죽지 않는 식물 천연 스칸디아모스는 어디에서든 따뜻하고 활력 있게 바꿔주는 촉촉함을 갖고 있음

　- 치매노인의 손에 쥐어 드리고 마음 살피듯 바라보게 하는 의미치료

　※ '한지'의 특성

　- 한지의 질긴 조직은 결합력이 뛰어나고 촉감이 부드러워 눈의 교감 신경을 지배하고 근육의 유연성 강화

　- 수작업으로 제작되는 한지는 다른 매체와 혼합하여 가변성을 지니도록 함

　- 손가락 끝과 눈의 시야 거리조절을 움직이며 잔존기능 유지

　- 색 감각의 촉각 활동을 통해 두뇌 계발 활동 효과 기대

■ 벚꽃 만들기의 순서

① 캔버스 위에 나뭇가지를 올려놓고 스칸디아모스로 잔디를 깔아줌

② 양손으로 색종이 끝을 잡고 과감하게 쭉쭉 찢고 굵게 찢긴 종이를 잘게 찢어 자율신경을 사용

③ 수북이 쌓인 잘게 찢은 색종이를 하얀 도화지 위에 벚꽃 잎 부분으로 충분하게 올려줌

'벚꽃 만들기'

노인 손끝의 양손 협응 및 손끝 사용을 통한 순서화와 계획 능력, 집중력 강화

■ 벚꽃 만들기의 기대효과

• 살아 숨 쉬는 한지, 장기보존성으로 식물성 섬유라 불리는 셀룰로오스(Cellulose) 원료

- 자연 친화적 교감을 함

• 수작업으로 제작되는 한지는 우리의 전통사상과 생활을 작품에 담음

• 색 감각을 통한 완성미로 재구성할 수 있음

〈출처: 식물도감 https://www.treeinfo.net/plant/list.php〉

7) 마음 챙김 치유 정원 디자인

환자개인의 생리와 여러 사용자들의 욕구에 맞춰 녹색식물과 오브제의 위치공간이 디자인되어야 하는 원칙이 치유 정원에도 적용된다. 노인들은 최첨단의 AI기술보다 살고 있는 마을의 식물이 갖는 색, 향기, 소리, 촉각 등을 통해 기억력 강화, 의사소통 증진 등의 효과로 사람들로 하여 신체적, 정신적 행동 기회도 제공하기 때문이다. 우리에게 시각은 치유의 관문으로 고향의 풍경을 떠올리며 옛날이야기를 주고받을 수 있는 스토리텔링의 공간을 만들어 치유 효과를 높여준다. 그러므로 치유정원 디자인은 도시로 나간 지역주민이 자신의 고향, 정감의 감성을 살리도록 해야 한다.

후각을 자극하는 자연의 향기는 경험에 대한 기억을 일깨우고 향기는 시상하부, 뇌하수체를 자극하여 심리적 변화를 주기 때문에 치유정원은 심리작용과 향 분자 상호작용이 결합하여 향기 효과를 줄 수 있는 보완요법이다.

① 치유정원목적
- 어릴 적 뛰어놀던 고향집의 정겨운 추억에 더 편안함을 제공
② 준비물
- 디자인 설계에 따른 재료

③ 활동과정

- 흙의 색채 및 풀 향기의 보완요법에 적용하는 식물을 선정한다.

- 오감의 접촉은 물리적·정신적 에너지 작용을 돕는 빨간색 활용이다.

- 광합성 작용은 녹색과 빨강의 보색대비 효과를 볼 수 있다.

- 정신적으로 지쳐있는 사람들에게 파랑과 보라색의 대비를 이뤄 설계한다.

④ 치유정원 설계도

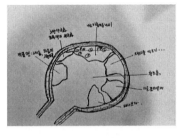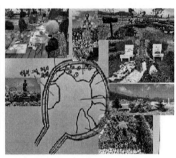

(포천 치유정원 이경옥 회장 외 6인)

⑤ 기대효과

- 치유정원은 활동을 하지 않고 단지 정원을 즐기는 것 자체만으로도 정신적, 육체적으로 힐링이 된다.

(포천 이경옥 작가)

치유정원디자인은 마을의 따듯한 정서를 이해하고 작업에 농촌의 따뜻

함의 분위기가 살아 있는 이곳의 자연 환경을 흙과 공기, 오브제를 정원 안 팎으로 이어지게 보이도록 하였는데, 정원은 산으로 쌓인 병풍 공간을 보며 유유자적의 여유를 느낀다.

치유정원은 우리의 시야를 넓혀주는 자극제이다. 정서충족은 자극을 밑 거름 삼아 치매노인 노인의 삶과 동떨어지지 않은 익숙하고 평온한 시간을 보낼 수가 있다. 그러므로 치유정원은 심리적으로 위축 된 사람, 불안증후군의 사람, 평범한 사람 꿈 키우기 듯. 작품 하나의 제작에도 마을사람의 온기가 스며들어 마음치유에 도움이 될 수 있는 전인적 치유정원 이다.

5

노인돌봄
잔존능력강화

미술활동은 인간은 환경에서 그 환경에 대해 자극을 받고 적응하고 실천 작업 활동으로 자신을 보호하는 순응을 한다. 감상은 조형품이나 자연에 대해 그 가치를 느끼고 판단하고 평가하는 종합적 활동이며 미술활동은 시각을 자극하고 이러한 자극이 우리 뇌의 시각영역에 자극을 주는 잔존능력 보존의 활성화이다. 미술활동의 효과는 자신이 잘할 수 있는 것에 집중력과 학습능력을 증가시킬 수 있고 그냥 할 수 있어서 진행하는 잠재능력, 창조적 능력이 증가하는 것이다. 일반인의 손 기능뿐만 아니라 여러 가지 측면에서 영향을 줄 수 있으며 법정 연령 65세 시각을 통해 들어온 정보는 형체, 색채, 운동은 시·공간에서 매우 복잡한 체계를 만들고 이 감각들은 지능을 증가시킨다. (김정오, 2004)

통합적 미술 감상이 자신을 긍정적으로 보고, 공격적인 언어의 사용이 감소하였다. (문은경, 박혜원, 2004)

미술활동 관련 실험

(1) 미술활동 실험 연구개요

◆ 부산에 소재한 C대학교 대학생 20명을 대상으로 시각 자극을 실험
: 미술 감상의 적용이 손 기능에 어떠한 영향을 주는지에 대해 알아보기 위하여 30일 동안 진행
• 그림에 의한 시각 자극 실험군 10명
• 아무런 중재를 실시하지 않은 10명으로 무작위 추출

(2) 손의 잔존능력 실험 연구

측정도구로 손의 기민성 검사로 Purdue pegboard를 사용하였으며 Jeseph Tiffin에 의해 1948년에 개발된 이 검사 도구는 검사-재검사 신뢰

도는 0.60-0.76이다. Tiffin방식으로 30초 동안 실시하여 수행한 개수로 점수를 측정하였다.

연구절차는 실험 군에 대해서 중재 프로그램 적용 전 사전 검사를 실시하였으며 중재 프로그램 적용 후 사 후 검사를 실시하고 사전 검사를 실시 후 30분 후 사후 검사를 실시하였다. 손 기민성 검사 시 실험 전후 차이 변화량의 비교량은 실험군은 2.25개 증가하였고 대조군은 0.6개 증가, 두 군 간에 유의한 차이를 보였다. (p<0.05)

미술활동 실험 결과는 미술 감상을 적용한 실험 군에서 손의 기민성에서 의미 있는 결과를 나타냈으며 아무런 중재를 실시하지 않은 대조군 보다 그림을 적용하고 주의력을 증가시킬 수 있었다.

(3) 미술활동의 만다라(Mandala) 단어는 산스크리트에서 유래된 것으로 "신성한 원"을 의미한다. 만다라는 다양한 문화의 일부인 원형의 상징이며 사람들이 자신을 찾을 수 있도록 돕는 일종의 예술적 수단으로 만다라를 사용한다. 또한 만다라는 우리의 삶의 에너지와 연결되어 있고 각각의 색깔이 인체의 특정한 차크라와 관련되어 있다. 차크라(Chakra)는 우리 몸과 주변에 연결된 에너지의 힘이다. 칼 융은."만다라는 자기 자신을 총체적으로 보여주는 심리적 표현이다." 이라 하였다

1) 손 기능 자극의 매체 만다라

■ 매체만다라작업

- 분홍색 단추는 엄지손가락을 눌러 붙여준다. (총 16개)

- 연두색 단추는 두 번째 검지손가락 끝을 눌러 붙여준다. (총 12개)

- 흰색 부직포는 나무기둥의 중심을 준다. (한그루 1개)

- 옅은 연두색 단추 26개는 세 번째 중지 손가락 끝을 눌러 붙인다.

- 노란색 단추 등 네 번째 약지손가락 끝을 눌러 도안을 둘러가며 붙인다.(노란색 15개 ,빨간색 6개, 보라색 14개, 주황색 18개 , 하늘색 22개, 검정색9개. 흰색14개)

■ 매체만다라 작업 실습하기

① 데 엄지와 집게손가락 자극	② 양손을 살짝 누르며 집약적 힘
③ 구도와 통일감을 구 인지능력 강화	④ 전체적인 조합의 자신감 향상
제작한 만다라는 장식으로 꾸며서 완성	

2) 색채 만다라

- 인지 심리학과 행동 심리학은 이를 기억력, 주의력, 지각력 그리고 시각 조절 능력 등을 향상시킨다.

- 매체를 통한 인지자극은 사람들이 일상적 활동을 하는 데 자극을 준다.

- 자유롭게 해 주는 예술품은 창조성 직관을 가진다.

- 노인의 4가지 심리증상은 경제 능력의 상실로 인해 나타는 경제적 의존성과 중추신경 조직의 퇴화로 인해 일어나는 정신적 의존성, 신체적 기능의 약화로 나타나는 신체적 의존성을 손끝으로 꾸준히 작업하는 각성의 수단이다.

(1) 색채 만다라 효과
- 손 근육 활동은 근육 운동적 수준의 에너지 방출 한다
- 손 그림(Finger paint)은 촉각 수준으로 자극과 감각 사이의 후두엽을 자극이다.
- 색채의 시 지각 촉각 활동은 인지적 수준의 활동을 증가 시킨다

(2) 색채 만다라 내용
- 검은색과 보라색 : 노인의 신경적인 히스테리 표현이다
- 고동색, 다른색채 배색과 색상 조합은 시 지각 자극의 집중력 강화이다
- 크기의 변화로 창의성을 발휘하여 모두 다른 모양이 될 수 있도록 한다.
- 준비물: 도화지 색연필 , 물감

① 동계배색은 전두엽 자극	② 차가운 배색으로 대뇌피질 자극

③ 3원색을 조합하는 인지능력 강화	④ 전체적인 조합은 자신감 향상

색채표현으로 조화를 이루는 노인돌봄 정서예술케어

3) 일상수행 보고 듣고 말하기

(1) 개요

① 의사소통 과정에서 일어나는 문제점들을 바르게 인식한다.

② 타인의 의사를 조건 없이 존중하고 수용한다.

③ 대인관계 기간 중 보고체계가 원활하게 수행된다.

(2) 안내

이 프로그램은 의사소통의 기본요소인 보고, 듣고, 말을 전하는 과정을 경험해 보며 현장에서 그 결과를 확인하는 과정을 통해 편견 없는 성실한 자세와 존중만이 오해나 갈등을 줄일 수 있다는 것을 깨닫는 과정이다.

(3) 방법

① 총 진행자인 치료사가 학습에 대한 안내를 한다.

② 의사소통은 인간관계를 맺고 그 관계를 계속 유지하고 발전시키는데 절대적이다. 흔히 사람들은 '인간관계가 좋다.'라든지, 또는 '인간관계가 좋지 않다.'라는 말을 많이 한다. 이는 대부분 의사소통이 잘 이루어지고 있는가, 잘못 이루어지고 있는가라는 의미이다.

③ 가족과 함께 보고, 듣고, 말하기가 일상에서 이루어지고 있는 경험을 한다. 먼저 3장의 A4를 준다. 그러면 보고, 듣고, 말하기 활동을 시작한다.

④ 보기활동을 한다.

- 그럼 먼저 보기활동입니다.

- 치료사는 그림을 3초 동안 보여준다.

사람의 첫인상이 뇌리에 각인되는데 3초가 걸린다. 그래서 3초 간 보여 드렸다. 보신 대로 그려준다.

- 치료사는 간단히 질문한다.

* 왜 이와 같은 결과가 나왔다고 생각하는가?

- 치료사는 정리한다.

* 선택적 보기

* 딴생각하며 보기

* 습관이나 편견의 작용

* 생각이나 해석의 삽입

- 살면서 이와 같은 경우로 갈등을 일으킨 경험을 이야기해 보자

⑤ 듣기활동을 한다.

그럼 다음은 듣기활동입니다.

- A4를 나누어 주고 지시한다.

눈을 감는다, 눈을 뜨라는 지시가 있기 전까지 감은 채로 작업한다.

- 종이를 잡고 반으로 접습니다. → 다시 반으로 접으십시오. →

그 종이의 윗변, 가운데 지점에서 탁구공만한 크기의 원 하나를 손으로 잘라내십시오. → 눈을 뜨고 종이를 펴십시오.

- 치료사는 간단하게 질문한다.

* 왜 이와 같은 결과가 나왔다고 생각하는가?

- 차료사는 정리한다.

* 말을 들으면서 순간 딴생각이 들면 제대로 들을 수가 없다.

* 말을 들을 때 중요하게 듣는 부분이 저마다 다르다.

* 자기 좋을 대로 듣는다.

⑥ 말 전하기 활동을 한다.

자, 지금부터는 말 전하기 활동을 한다.

- 그 내용을 귓속말로 전한다.

- 전달받은 내용을 잘 기억했다가 내용을 백지에 쓰게 한다.

(4) 기대효과

① 활동을 통해 의사 전달이 그리 용이한 것이 아님을 알게 된다.

② 듣기, 보기, 말하기 활동에서도 상대가 표현하는 것을 자기 좋을 대로 듣거나, 특별히 관심이 가는 일부분만을 듣거나, 자기의 생각에 매여 상대의 말을 전혀 듣지 못하는 경우가 많음을 경험한다.

③ 또한 똑같은 내용이라 할지라도 말하는 사람의 개성이나 문화에 따라서 표현 양식이 다르며, 듣는 사람 또한 자신의 습관화된 청취 방법이나 주관적 해석으로 인해 엄청난 오해나 왜곡이 일어남을 경험한다.

보 기

말 하 기

4) 건강에 향기를 더하는 허브 테라피

허브는 강한 향기와 살균력까지 가지고 있어 서양에서는 살충제나 방향

제로도 사용을 한다.

- 바질

이태리 음식에 빠지지 않고 들어가는 향신료로 사용되고 특유의 맛으로

음식의 풍미를 더해준다. 바질은 성장 속도가 매우 빠른 허브이고 집에서

금방 키워서 바로 따서 먹을 수 있다. 스위트 바질과 레몬 바질은 초보자가

키우기 쉬운 허브이고 통풍이 충분 하지 않은 집에서도 물만 주면 쑥쑥 잘

키울 수 있다.

- 로즈제라늄

손바닥 같은 잎 모양이 매력적이고 허브 향이 매우 강한 것이 특징이다. 가을철 모기를 쫓아주는 허브로 유명하며 장미향이 강한 로즈제라늄은 베갯잇 속에 넣으면 잠을 잘 자게 도와주고 입욕제로 사용해도 좋다. 특이한 향 때문에 병충해가 잘 생기지 않고 은은한 향이 있어 병충해 걱정 없이 잘 자란다.

- 민트

민트의 종류로 애플 민트, 초코 민트 및 페퍼민트 등이 있다. 사과향이 그윽한 애플 민트는 모양도 예쁘면서 바로 따서 먹을 수 있는 장점이며 상쾌한 민트 향이 좋은 애플 민트는 탄산수에 넣어 마셔도 좋고 차 또는 칵테일로 만들어 먹을 수 있다. 민트는 건조한곳에서 키우기 쉬우며 겉흙이 마르기 시작하면 약간의 물을 주는 것이 좋다.

- 파슬리

여러가지 요리에 자주 사용되는 파슬리는 생잎을 사용하거나 말려서 가루로 사용할 수 있다. 파슬리는 2가지 종류가 있으며 이탈리안 파슬리는 잎 모양이 평평하고 컬리 파슬리는 꼬불꼬불한 모양이다. 이탈리안 파슬리가 컬리 파슬리보다 더 강한 허브향이 나고 맛이 쓰지 않다. 파슬리를 집에서 키울 때는 배수가 잘 되는지 확인해야 하고 햇빛이 잘 드는 베란다 또는 거실에서 키우는 것이 좋다. 파슬리는 바로바로 수확해서 먹을 수 있는 장점이다. 파슬리 잎이 15장 이상이 되면 바깥쪽 줄기 밑 부분부터 수확을 하는 것이 좋다

- 오레가노

다년생 식물이고 독특한 향과 쌉 싸름한 맛으로 여러가지 요리에 사용되는 허브다. 오레가노는 최소 6~8시간의 햇빛이 필요하다. 햇빛이 잘 드

는 곳에 두며 햇빛이 충분하지 않다면 조명을 사용하자. 오레가노는 토양에 물기가 약간 마르도록 하고 콤펙트하게 유지해야 오레가노 생산이 수월하며 통풍이 잘되는 곳에서 빛을 충분히 쬐게 하는 것이 중요하다. 오레가노는 생명력이 강하긴 하지만 추위에 약한 것이 단점이고 습도에 주의하는 것이 좋다.

- 로즈마리

햇빛이 6~8시간 이상 들어오는 곳에 두며 햇빛을 좋아할 뿐만 아니라 물도 잘 마시는 허브다. 로즈마리처럼 햇빛을 좋아하는 허브는 흙의 수분이 빨리 증발하므로 수시로 물을 주자. 물을 흠뻑 줄 수 있게 배수를 완전히 주는 것이 좋으며 1일에 한 번씩 물을 충분히 주지만 화분의 흙이 항상 축축한 상태에서 계속 물을 주면 로즈마리의 뿌리가 썩을 수 있음을 주의한다. 로즈마리는 어느 정도 자라기 시작하면 화분에 뿌리로 가득 차게 되어 더 잘 자라기 위해서는 약간 더 큰 화분으로 옮겨 심는 것이 좋다.

- 라벤더

라벤더는 보라색의 꽃이 진한 향기를 즐길 수 있고 식용, 약 또는 차로 먹을 수 있고 햇빛과 바람이 들어오도록 양지바른 곳에 놓아두고 통풍이 잘되고 햇빛이 잘 드는 곳에 라벤더를 두어야 잘 자란다. 라벤더는 물을 좋아하지 않고 습에 민감하기 때문에 일주일에 1번 정도 물을 주는 것이 좋다. 초보자는 라벤더를 집에서 키우는 것이 어려울 수 있다.그러므로 흙의 습도 상태를 확인하기 쉬운 투명한 화분 또는 컵에 라벤더를 키울수있다. 라벤더를 집에서 가장 키우기 좋은 온도는 15~20도 이다.

노인 돌봄의 오감만족과 잔존능력을 강화하는 것에 향기를 더하며 신체를 위한 허브 휴식시간을 제안해 본다.

(1) 개요

① 허브의 효능을 바르게 인식한다.

② 허브는 소화계통을 돕는다.

③ 레몬그라스 감귤 향이 뇌를 자극해 하프티로 마시면 잠에서 깨어난다.

(2) 안내

이 프로그램은 기분도 좋아지며 눈으로 보고 즐기는 화초나 다육식물 요리에 사용할 수 있다. 허브. 내 집의 공간식물 시간에 맞춰 차 마시기, 허브 요리 등 다양하게 시도한다.

(3) 방법

① 한 잔에 힐링이 되는 캐모마일, BREAK TIME 오후 한 숨에 꽃, 줄기, 잎에도 향기가 있어 높은 릴렉스 효과로 알려진 라벤더를 욕조에 넣어 입욕제로 만든다.

② 사과와 비슷한 향은 불안과 긴장, 짜증을 완화시키는 효과가 있다.

③ 허브티를 취침 1~2시간 전에 마시면 입면이 원활해진다.

④ 베르가모 오렌지처럼 상쾌한 향은 얼그레이 홍차로 친숙하다. 기분고양과 진정 모두에게 효과가 있어 아로마로 간편하게 즐길 수 있다.

⑤ 허브 책을 사전 대신 수중에 두면 편리하다

5) 오픈샌드위치 만들기

• 준비물: 셀러리, 적 양파 등 해산물과 궁합이 좋은 야채 등의 허브 올리브오일 검정 후추 통을 준비함

① 반으로 열린 버터에 클럽퍼티를 듬뿍 바르고 가볍게 토스트를 한다.

② 셀러리나 적 양파를 얇게 썰어 빵에 색채배색을 생각하며 올린다.

③ 마무리로 올리브오일과 후추를 넣는다.

 아침이면 일출이 빨라지고 눈뜨는 기분도 가볍다. 하루, 일주일, 한 달, 한 해. 각각의 '시작'을 소중히 여기면 살다 보면 삶은 자연스럽게 편안하게 정돈된다.

그래서 '한 해의 시작'의 봄은 '하루의 시작'의 아침을 맞이하는 방법이다. 좋은 아침은 역시 맛있는 아침이며, 스스로 만들고, 즐겁게 먹고, 몸과 마음이 채워진다.

(6) 정서치유는 오늘을 어떻게 즐길까?

지구의 일생을 1년으로 보면 인간의 일생은 0.8초라고 한다.

그래서 사람들은 열심히, 더 잘 살고 싶다고 본능적으로 생각하는 것이다

① 하루하루가 어느새 일주일, 한 달, 일 년, 그리고 일생이 된다.

- 오늘은 사람에 비하면 활기찬 사람. 언뜻 보면 자유분방해 보이지만

정직하게 살기를 즐기고 희로애락이 풍부한 사람. 늘 아는 기쁨을 추구하려고 노력을 한다.

② 좋은 것은 소중히, 조금 부족한 것은 채울 궁리를 한다.

- 때로는 나 스스로 할 수 있는 것을 한다. 그리고 자연의 흐름에 첨예함을 잊지 않고. 사회의 고리를 의식해 지구를 느끼고 자신도 저 사람도 소중히 여긴다. 그게 오늘이라는 정서치유이다.

③ 지금-여기는

- 첫 번째 물결인 생각과 감정을 덜 중요시하는 조작적 법칙을 강조하듯 당신의 삶의 좋은 친구가 되었으면 좋겠다고 생각을 한다

- 두 번째는 인지행동치료&함축적 정서치료의 인지적 개입을 행동 변화의 핵심전략으로 포함한다.

- 세 번째는 수용전념치료 ,행동주의치료법+ 마음 챙김과 수용이다.

- 네 번째는 자비공명 중심치료로서 의미부여, 가치 중심인 관계성에 따라 위계관계를 인지한다.

④ 집에서 쑥쑥 키우는 허브

6) DIY 핸드폰 케이스 만들기

DIY 뜻, 물건을 제작·수리·장식을 직접 하는 것 Do It Yourself의 줄임 말이다.

DIY '스스로 해본다' 재료와 도구 구입해 스스로 제작하거나 보수를 한다.

기성품, 완성품을 사기보다 자신의 개성을 반영해 물건을 스스로 만들어 가며 소중한, 만족감, 잔존능력을 키운다.

내가 직접 하는 DIY 그림 그리기 등이 DIY 노인 돌봄 잔존능력에 대한 관심이다.

① 개요

가족으로서 느꼈던 고맙고 자랑스럽고 힘이 되었던 일을 직접 표현하고 감사와 사과를 전달하는 과정이다.

② 내 선물을 받아줘 목적

가. 함께하는 가족들의 중요성을 깨닫는다.

나. 가족에게 좋은 이미지를 주려고 노력한다.

다. 가족애가 증진되어 팀 협조가 잘 된다.

③ 준비물 : 털실, 바늘 , 고리 2개, 걸쇠2개, 긴 끈1

④ 활동과정

• 치료사는 프로그램에 대해 간단히 안내한다.

- 실 끝을 바늘에 돌려 두 번 접고 실의 접힌 부분을 손가락으로 누르며

바늘을 아래로 빼낸다. 끼운 실을 떼지 않고, 반접은 실을 바늘구멍에 통과
시킨다.

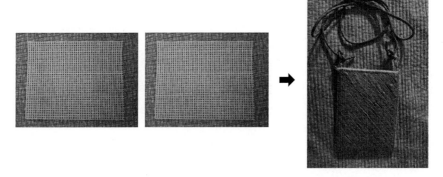

⑤ 활동방법을 설명한다.

• 2겹 천을 붙여 털실바늘을 꽂아 틈새를 만든다.

• 아래 모서리(둘 다)는 같은 칸에 세 번 바늘을 넣는다.

• 3변을 감으면 휘감은 실을 약 4cm 떠서 실 끝 처리를 한다..

❻

노인 돌봄 분노관리

분노의 정의

• 분노는 분노 촉발 사건에 대한 정서적인 스트레스의 반작용임. (Feindler & Ecton, 1986)

• 분노는 신체적으로 억압을 당하고, 심한 간섭을 받을 때, 재산을 빼앗 겼거나, 공격, 협박을 받을 때 생기는 격렬한 감정반응.(Reber et al 2001)

• 분노는 개인적인 성장, 필요한 욕구, 기본적인 확신을 보존하기 위해 존재하는 감정임.(Carter & Minirith, 1993)

['분노'에 대한 학자들의 정의]

학자	정의
Novaco(1994)	분노는 혐오적인 사건을 초래한 사람이나 사물을 향한 적대적이고 부정적인 정서 경험
Crockenberg(1981)	분노는 스트레스와 좌절에 대한 자연적인 반응으로 위험이나 공격에 대한 자연적인 반응이자 자신을 지키기 위한 감정으로 그 자체가 선하거나 악한 것은 아님
Lewis, Alessandrini & Sullivan(1990)	분노는 유아인 경우라도 생후 2개월이면 경험하고 표출하는 정서
Spielberger(1980)	분노는 긴장되고 격분되고 화가 나는 주관적인 느낌과 자율신경계의 활성화에 의하여 나타나는 감정
Schiraldi, Kerr(2002)	분노는 하나의 일반적으로 또는 자연적으로 이해할 수 있는 감정적 요소

• 분노는 공격적인 행동들과 구분되는 개념으로서 스트레스를 유발하는 사건에 정서적인 반응으로 억압감정을 통해 분노에 대한 이해의 접근이 필요함

- 개인의 건강한 발달과 적응, 국가 차원에서 다양한 집단과 계층 간의 이해관계 충돌, 대립 특히 최근 사회적 이슈가 되는 노인치매, 폭력과 같은

문제를 해결하는 데 매우 중요함

분노 유발의 원인 3가지 (Izard, 1972)

① 자신이 바라던 것을 심리적으로 또는 육체적으로 제지당했을 때

② 자신 또는 자신에게 중요하다고 생각하는 것에 대해서 평가절하의 공격을 당했을 때

③ 미해결 과제로 강하고 지속적인 스트레스를 경험하게 되었을 때

⇒ 이외에 소음과 같은 물리적 자극이나 불쾌한 상황도 분노 유발 자극이 될 수 있음

분노의 관점

① 생물학적인 관점

- 분노란 인간이 가지고 있는 본능적인 감정으로서 저장과 방출을 할 수 있으며, 적절하게 방출될 때 개인의 심리적인 건강이 유지되며 파괴적인 행동을 방지할 수 있음

- 그러나 이 입장은 분노가 무엇 때문에 쌓이는가에 대한 개인의 심리 내적인 원인에 대해서는 설명을 해주고 있지 못할 뿐만 아니라, 동일한 외적인 스트레스에 대해 무엇 때문에 개인들 간에 분노의 양이 다른 이유를 설명하지 못하고 있음

② 사회 학습적 관점

- 사회적인 학습의 결과로 생겨나는 감정적 반응인 분노는 다른 사람들의 행동을 관찰하여 학습된 결과로 생겨남

- 이 관점에서 분노의 정의는 사회적인 학습의 측면을 잘 설명해주고 있는 반면에 같은 사람들 속에서도 다르게 학습하는 개인적인 차이에 관해서

설명해주지 못하는 한계가 있음

③ 인지-정서 상호작용적 관점

- 분노는 인지적인 생각과 정서와의 상호작용으로 생겨나는 현상으로 이해됨

- 분노는 인지적인 기대의 좌절로 인한 감정적인 반응의 산물이며 인지적인 기대의 강도에 따라서 분노의 양이 결정된다고 봄

- 분노는 심리적 좌절로 인한 위기에 대한 방어적인 역할을 하며, 외부 침입에 대해 자기 보호적인 기능

- 그러나 인지-정서적 관점에서의 분노 접근방식은 행동적인 면을 배제한 것임

④ 사회 학습적 관점과 인지-정서 상호작용적 관점 중심 분노를 이해할 것임

- 분노가 가지고 있는 공격성을 효과적으로 줄이기 위해서는 인지-정서뿐만 아니라 행동의 구체적인 조절이 매우 중요하기 때문

분노 표출 양상

• 분노는 외부 사건뿐만 아니라 개인의 내적, 심리적 불편감이나 기억에 의해서도 유발 됨

• 분노를 경험하는 동안 사람들은 신체적(생리적), 인지적, 정서적 반응을 경험하게 됨

① 신체적(생리적) 반응

- 분노에 대한 생리적인 이론은 분노의 원인을 유전인자 구조, 두뇌의 질환 등으로 봄 (Sosteck&Wyatt,1981)

- 교감신경계의 활성화로 인한 혈압상승이나 심장 박동의 증가와 같은

다양한 생리적 반응과 신체적 변화가 일어남(Mayne&Ambrose,1999)

- 체내에서 아드레날린, 노르아드레날린의 분비 자극 ⇒ 분노, 긴장, 흥분, 각성, 열기를 느끼게 함

- 이는 심장 박동과 혈압, 호흡에 변화를 가져다줄 뿐만 아니라 건강에도 해로운 영향을 줌

- Deffenbacher와 Makay(2000)는 분노를 초래할 수 있는 생리적, 신체적 반응으로 심장 박동의 증가, 속이 거북해짐, 소화가 잘 안 됨, 두통, 어지러움, 손에 땀이 남, 입술이나 손, 몸이 떨림, 얼굴이 붉어짐, 어깨가 뻐근해짐, 입을 꽉 다물게 됨, 표정이 굳음, 목소리가 커짐 등으로 제시하고 있음

- 고도의 긴장 상황에서 몸은 행동을 촉진하게끔 반응하며 때로는 강한 육체적 힘을 동반하게 됨

- 긴장을 주는 사건이 끝나면 우리의 몸은 다시 정상적으로 기능할 수 있는 상태로 돌아감

- 우리의 몸은 어떠한 스트레스를 경험하였든 간에 자동적인 신체 반응을 보임

- 스트레스에 의한 손상을 막기 위해 뇌와 몸은 상호작용

- 뇌에서는 디-스트레스(계속된 스트레스 경험으로 인한 심리적 고통)에 대응하기 위해 화학적인 호르몬이 계속 발생하게 됨

- 몸에서는 끊임없는 긴장을 유지하게 됨

② 인지적 반응

- 인지는 분노가 발생하는 과정이나 분노를 경험하는 동안 반드시 수반되는 경험

- 인지적 관점의 이론은 개인의 분노 유발 상황에 대한 인지적 평가와 해석과정 강조(Beck,2000)

[분노를 경험할 때 사람들이 보이는 인지적 반응]

분노 시 인지적 반응	✓ 잘못되었다. ✓ 부당하다. ✓ 날 화나게 한 사람은 비난받아 마땅하다. ✓ 나의 분노가 정당하고 적절하다. ✓ 상대가 의도적으로 그렇게 행동했다. ✓ 분노를 일으켰다고 생각하는 대상에 대한 저주나 보복과 관련된 장면을 상상하거나 이와 관련된 생각에 몰두한다. ✓ 분노를 일으킨 사건에 대해 반복적으로 생각한다.

〈출처 : Beck(2000)〉

③ 정서적 반응

- 분노가 있는 사람들은 아무에게도 가까이하려 하지 않으며 그렇게 함으로써, 적대감을 덜 느끼는 동료보다 더 적은 지지와 심한 고독감, 외로움을 경험하게 됨

- Deffenbacher(1992)에 의하면 분노가 있는 사람들은 직장이나 학교생활에 있어 심각한 혼란이 나타남

- 고통을 받을 때, 분노의 정도가 높을수록 많은 양의 술을 마시고 그 횟수도 잦은 것으로 나타남

• 정서는 높은 주의력과 정서적으로 연관된 사건들에 관한 보다 정확한 부호화 처리 과정을 통해 기억과정에 영향을 미침

- 즉, 긍정적 또는 부정적 정서들은 행동에 대한 지침서 역할을

1) 분노를 잠재우는 만다라

(1) 만다라

- '만다(중심, 본질)' + '라(찾다, 향하다)'라는 뜻

- 고대의 산스크리트어에서 유래됨

- 현재의 자신을 비추고 있는 거울이자 자기 내면의 소리(신성의 메시지 담음)

- 만다라 거울을 통한 모습, 그대로의 나를 인정하고 용서하고 받아들임

- 각자의 중심에서 나오는 힘(에너지)을 발산할 수 있게 됨

- 융의 만다라 미술치료 기법 ⇒ 만다라를 색칠하며 지친 마음을 치유.

(2) 만다라 제작하기

- 명상적인 분위기를 마련

- 복식호흡(이완)을 함

- 만다라 그리기 : 닫힌 문양의 만다라, 열린 만다라를 선택해서 색칠함

- 만다라 문양을 고를 시 자신의 기분에 따라 문양을 선택함

- 피곤하고 긴장된 날 ⇒ 윤곽이 분명하고 무늬가 작은 문양이 효과적

- 기분이 저조하고 슬플 때 ⇒ 장미무늬나 원의 형태가 많은 문양이 효과적

[닫힌 만다라와 열린 만다라]

〈출처 : https://amind.co.kr/〉

[만다라 제작 작품]

(3) '만다라 제작하기'의 치매노인 케어 효과

- 노년기에 나타나는 분노는 오랜 삶의 경험으로 만다라 도안 선택에 자신의 내면에서 어떤 일들이 벌어지는지 알아차리고, 불안을 다룸에 스스로 능숙해짐

- 자신이 무의식적으로 가지게 되었을지 모를 적개심, 보복적 행동의 분노를 떨쳐 낼 수 있도록 함

- 만다라를 제작함으로써 노인들을 정서적으로 지지하고 노인들이 갖고 있는 잔존 능력을 잘 보존할 수 있도록 개입, 자신감을 느끼게 하기, 노인이 가진 특별한 재능 발견에 큰 도움이 된다.

2) 분노정서조절의 손가락 인형

(1) 분노 조절의 이해

① 분노의 부정적 측면

• 타인과의 긍정적 관계 파괴 요인

- 분노는 자주 반복되고, 만성적으로 지속됨

- 무절제하게 되고 삶의 통제력을 잃게 함

- 자신의 업무능력의 장애를 가져옴

- 예) 판단력이나 창의력의 결여를 가져오고 쉽게 지치고 피곤해짐

- 남을 지배하고, 조종하려고 함

- 예) 항상 타인에게 좋은 대접이나 존경을 요구

• 공포심 유발

- 괴성을 지르며 주변에 어려움을 줌

- 얼굴에 드러난 공격성으로 누구도 다가갈 수가 없음

- 분노 표현은 사람들의 관심을 사로잡을 수 있지만, 종래에는 소통 불가

로 인식됨

② 분노 감정의 중요성

• 노년의 분노와 화를 건강하게 다룰 수 있도록 도움

• 다양하게 경험하는 감정 가운데 하나로 정신적, 신체적, 행동적 요소를 가지는 다양한 느낌으로 정의될 수 있음

• 격한 감정인 분노는 산불과 같아서 야단을 맞으면 그 순간에는 각성하며 두려워할 수 있으나 분노의 불길이 이자가 붙기에 분노의 감정을 조절할 수 있어야 함

③ 분노 감정 제거하기

• 노년의 삶속에 분노 패턴을 분석하여 분노 유발 사건이 무엇인지 확인함

• 참는다고 분노가 처리되는 것은 아님으로 분노를 조절하는 활동을 실천함

• 썩어가는 뿌리는 그대로 둔 채 가지치기만 한다고 나무가 자라는 것이 아님 것 처럼 분노를 인정하기

(2) 연주 활동의 이론적 접근

① 연주 활동의 정의

• 자발적인 표현이며 특별한 목적이나 동기 없이 행하는 흥미로운 활동

• '놀이'와 구별하여, '연주'는 규칙이 있고 형식이 있으며 조직화된 형태

• 손으로 하는 연주는 자아의 기능을 필요로 하며, 눈·손 협업을 통해 자아 발달 촉진함

② 연주 활동의 목적

• 역할과 행동의 제한, 기대감 표현, 동기유발을 촉진하는 치료적 도구로 사용을 함

• 화음을 통한 적극적인 참여 유도

- 진지하고 적극적인 태도로 연주 활동에 임함

③ 연주 활동의 효과

• 동작을 사용하는 것이므로 긴장감을 해소하는 데 도움

• 치료 레크레이션으로 여가 생활양식 변화를 위해 활동과 경험을 체계적으로 체험하는 과정

- 무거운 감정 털어버리기

- 스트레스 감소시키기

- 교감신경 활성을 통한 사회적 갈등 대처하기 등

(3) 손가락 인형 제작 및 연주하기

① 손가락 인형'이란

• 장갑에 두드리면 소리가 나도록 제작된 플라스틱 도구

• 사물놀이의 리듬을 응용함

• 장갑을 끼고 율동에 맞추어 연주하는 퍼포먼스임

• 주의력과 집중력을 강화하며 흥겨움을 자극함

• 치료 레크레이션으로 활용

② 손가락 인형 만들기

• 준비물 : 면장갑 (왼손 오른손 각 1개씩), 목공 접착제, 플라스틱, 검정 싸인펜

- 플라스틱을 동전 크기로 10개 자름

- 잘라진 플라스틱을 면장갑에 붙임

- 장갑 인형 얼굴에 표정을 그림

④ 손가락 인형 연주하기

• 왼손과 오른손을 동시에 올리고 내리는 근육 감각기억을 통한 플라이 밍 기억 활동임

• 학습된 기억은 뇌 전체에 자극되어 신체와 리듬의 동일시화로 단기, 장기기억을 강화함

• 동요(퐁당퐁당)를 부르며 기억체계에 따른 기억장애를 치유할 수 있다

[손가락 인형 작품]

[손가락 인형 착용 모습]

[손가락 인형 연주 체험]

〈출처 : https://youtu.be/wURRNXaraNw〉

⑤ '손가락 인형 연주하기'의치매 노인정서 케어 효과

- 화를 안고 있는 노인에게 리듬 매체를 이용한 안정화 치료임
- 분노를 참고 있는 노인에게 분수처럼 화를 뿜어내는 애도 과정임
- 해묵은 분노를 제거하도록 하는 고성 발성임
- 노인의 손 연주(유희) 활동을 통해서 긴장감 해소에 도움
- 체계적인 활동과 경험을 통한 노인의 심리적 즐거움과 신체적 안녕 수반

3) 분노정서조절의 콜라주

(1) '콜라주(Collage)'란

- 콜라주 어원은 불어의 'Coller'에서 유래된 비예술적인 매체
- 종이나 헝겊 등을 붙이는 기법
- 화면의 효과와 가치를 높이려는 의도에서 기법이 시작되었음
- 큐비즘적과 초현실주의적 콜라주 흐름으로 나뉨
- 큐비즘적 : 피카소와 브라크에 의해 시작된 기법으로 화면에 신문지, 풀, 악보 상표 등 종이를 붙이는 작업으로 분류되며 '파피에 꼴레(papiers colles, 종이붙이기)'로 피카소의 '등나무가 있는 정물(1912)'로 시작했음
- 초현실주의적 : 막스 에렌스튼은 콜라주의 본질을 이질적인 것과의 만남이라 함

(2) 콜라주의 진단적 기능

- 예술기법의 하나로 선택적 함묵증이 있는 내담자에게 소통과제로 지속해서 도입함
- 진단적 기능으로 뇌와 척수손상을 가진 환자들에게 콜라주 작업으로 과거, 현재, 미래를 표현함

• 대기업에서 신입사원의 자기 개발 프로그램으로 활용하여 상호관계 및 개인의 능력을 향상시킴

(3) 콜라주의 효과
• 콜라주는 모래 상자 치료법과 유사함
• 자신을 개방시키고 자신의 심상을 발견하고 개발함
• 자신의 흥미를 명료화함
• 이상과 현실의 차이를 이해하는 데 유용함

(4) 콜라주의 장점
• 치매노인에게 공간 지각력이나 신체 건강의 향상을 도모하기 위해 콜라주를 활용할 수 있음
• 오감각과 소근육, 집중력, 수업 시간의 태도, 성취감, 자존감 등 향상
- 가위 사용이 어려운 치매노인 노인들에게 위험하지 않으면서 구조적인 회상법을 접목하여 삶에 긍정적인 효과를 줌]

(5) 콜라주 프로그램 진행
① 프로그램 진행 준비
- 콜라주 작업에 앞서 손의 근육을 풀어 부담감을 느끼지 않게 함
- 회상을 돕는 물건을 보여주거나 간단한 놀이를 하여 흥미를 유발함
② 프로그램 진행 방법
- 도입 : 오늘 날짜를 상기하며 집중력을 높임
- 활동 : 사진을 보여주며 기억나는 부위를 이야기함, 도화지를 줌
- 마음에 드는 자료를 잘라서(찢기 등) 화지에 붙임 (가위 등 도구 사용

시, 주의/감독)

　- 나누기 : 감상 후 자신의 사진에 대해 회상을 하면서 자신의 이야기를 들려주고 지지함

　- 마무리 : 마무리 체조를 하고 다음 회기 주제에 대해 안내함

　- 평가

　- 활동에 만족하였는가?

　- 집중해서 참가하고 있었는가?

　- 대상자와 상호관계가 있었는가?

　- 문제행동은 어떻게 나타나고 있는가?

　- 언어, 비언어적 표현은 어떻게 하였는가?

도입

활동 -1	활동 -2
활동 -3	활동 -4

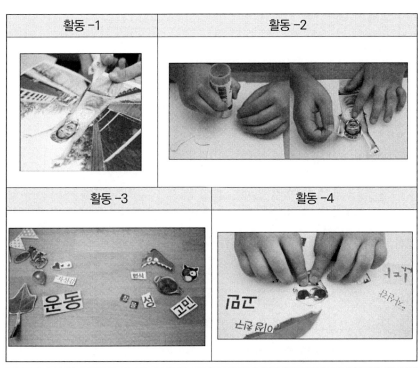

나누기

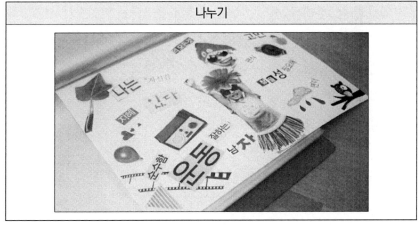

③ 콜라주 프로그램 진행 순서

• 준비한 재료를 치매노인에게 제시하고 "마음에 드는 사진이나 그림을 자유롭게 선택하여 도화지 위에 붙이세요"라고 말함

• 대상자가 원하는 위치나 사진에 그림을 풀로 붙이고, 자유롭게 활동할 수 있도록 제한을 하지 않음

• 잡지나 사진을 자르는 방법은 대상자에 따라 가위를 이용할 수도 있고, 손으로 찢을 수도 있음

• 치료사는 작품을 해석하는 것이 아니므로, 대상자가 말하고 싶어 하지 않을 때에는 집단원이 느낀 점을 나누고 마무리하도록 함

• 진행 시간은 약 30분 ~ 1시간 정도 소요(만들기 30 ~ 40분, 전후 10분씩 작업안내와 이야기 나누기)

④ 콜라주 프로그램 진행을 통한 효과

• 제작과 치유가 동시에 진행

- '자르기'와 '붙이기' 표현 : 잡지 등에서 좋아하는 이미지를 선택하고 끌리는 도안을 선택함으로써 심리적 퇴행을 감소하고 치매노인예방을 함.

- 조형 활동으로 붙일 곳의 판단은 인지치료, 창의성 자극 과정은 노인의 자존감을 유지함

- 소재를 선택하고 이미지를 분리하는 정신분석치료의 자유연상과 기억 회상과정임

- 조각의 배치는 개인의 무의식적인 힘에 따라 결정되고, 자기표현의 치료적 결합임.

- 선택된 이미지는 내담자를 이해하는 근거가 외고 불안의 문제를 해결하는 데 도움이 됨

⑤ 프로그램 진행 시 고려사항

• 작품에 무엇을 붙였는지 기억할 것

- 풍경, 인물, 음식, 문자, 크레파스나 다른 도구를 사용하였지, 어떤 내용인지를 파악함

• 내용 분석은 현재 노인의 선호와 관심사를 파악하는데 좋은 정보가 될 수 있음

- 연령대와 현재 상황에 적절하게 표현하고 있는지를 분석함

• 한 장의 작품을 과도하게 해석하지 않아야 함

- 작품을 구성하여 흐름을 계열적으로 이해하는 것이 내담자의 심리상태를 이해하고 알아차리는 데 도움

- 단, 작품 공감은 치매노인의 특성을 고려하여 그들의 자존감을 해치거나 개인영역을 개입하지 않음

[콜라주 프로그램 단계별 치료 요소}

단계	내용
1단계	콜라주 작품을 전체적으로 살핀다.
2단계	표현물을 확인하고 그것에 대하여 질문한다.
3단계	콜라주 작품을 완성해 나가는 과정과 작품을 완성한 후의 기분이나 감정에 대하여 질문한다.
4단계	예술치료사의 느낌이나 해석을 전달한다. (직접적인 해석은 피한다.)
5단계	대상자가 알아차린 것을 자신의 말로 표현하게 한다. (서로 교류하면서 통찰해 나간다.)
6단계	반복하여 진행하도록 한다.

7

수용전념치료미술로
마음 표현하기

수용전념치료 혹은 수용헌신치료(Acceptance and commitment therapy, ACT)

- 수용전념치료는 1982년 스티븐 C. 헤이즈(Steven C. Hayes)에 의해 고안되었다.

- 내담자가 직면한 고통을 받아들일 수 있도록 도와주고 당사자의 심리적 이슈의 완화 또는 내담자의 정신 질환과 같은 문제의 해결을 목적으로 하는 인지행동치료이다.

- 우연한 행동(contingency-governed behavior)과 의도한 행동(rule-governed behavior)이란 개념을 도입하여 심리요법에 있어 언어와 행동의 관계를 발견하게 된다

(1) 마음 챙김

• 마음챙김은 산스크리트어의 스므리티, 팔리어에서의 싸띠(sati)등에서 유래하는 "매 순간 순간의 알아차림"(moment-by-moment awareness)의 의미를 내포 한다.

• 건강한 노화, 체중 관리, 운동 수행, 특별한 도움이 필요한 어린이를 돕는 등의 추가 결과를 위해 마음 챙김 프로그램이 적용된다.

• 마음챙김 훈련은 지금 현재 일어나고 있는 일로부터 자유로워지는 정신에 집중하는 기술을 개발하는 과정이다

(2) 훈련1(호흡 관찰하기)

• 호흡 관찰하기(watching the breath)는 등이 펴진 의자에 앉거나 가부좌를 틀고 쿠션 위에 앉아 눈을 감은 후, 코끝에서 호흡을 느끼거나 호흡할 때 들숨과 날숨의 이동에 집중한다.

• 호흡조절 및 명상훈련에서는 호흡을 통제하는 것이 아니라 자연스러운 호흡 과정과 리듬을 차차 깊이 있게 알아간다.

• 마음은 몰입과 연상으로 넘어가게 되는데, 이땐 마음이 흐트러졌다는 것을 알아차리고, 이러한 흐트러진 마음을 그대로 수용하되 판단하지 말며 다시 호흡에 주목 한다.

(3) 훈련2(몸 스캔하기)

• 몸 곳곳에 집중을 쏟고 현재 일어나는 몸의 감각을 주의한다.

• 지금 일어나고 있는 소리, 촉감, 생각, 느낌, 활동에 집중할 수도 있다.

• 동작에 집중하는 요가 아사나(yoga asanas) 수련이나 걷기 명상 등이 있고, 꾸준히 연습하면 호흡에 집중하는 것이 쉬워진다.

수용전념 치료미술의 원리

(1) 경험적 회피

• 통증은 인간의 삶에서 피할 수 없는 부분이지만, 고통은 '완전히 다른 상황' 이다. 즉, 나쁜 감정을 느낀다면, 모두 피하고 싶어 하니 우리는 한순간이라도 더 빨리 모든 부정적인 감정과 느낌을 없애기 위해 노력한다.

• 우리는 고통을 피하려 한다. 어떤 사람들은 점점 더 많이 그리고 어떤 사람들은 적게 (정말로 강력한 사례는 제외하고 누군가는 주의를 끌기 위해서 '조금 아픈' 사람들도 있다). 그것은 일리가 있다.

• 에픽테토스는 "행복과 자유는 하나의 원칙으로 시작하며 어떤 일들은 당신의 통제 안에 있고, 어떤 것들은 당신이 통제할 수 없다는 것이다. 당신이 이 근본적인 원칙을 직시하고 당신이 통제할 수 있는 것과 할 수 없는 것을 구분하는 것을 배운 후에야 비로소 내면의 평온과 외부 효과가 가능

해진다."고 하였다.

(2) 인지적 융합

• 당신의 라디오는 당신에게 파티에도 긴장감이 있다는 것을 말해줄 수 있다.

• 당신에게 가지 말 것을 제안할 수도 있지만 결국 당신이 결정해야 한다.

• 치료 중에 라디오가 말하는 것과 당신이 하기로 한 것 사이에서 일어나는 융합을 분리하는 것이 매우 중요한 것이다

(3) 가치

• 수용전념치료는 사람들의 가치에 특별한 중요성을 둔다. 예를 들어, 누군가는 어떤 특정한 물체를 아름답거나 못생긴 것으로 볼 수 있다. 그리고 그것은 대부분 그들이 어떤 문화에서 왔는지 그 사람의 배경에 대한 문제이다.

• 다른 시간이나 장소에서 태어났다면 우리의 판단 기반 반응 (아름다움/못생김, 좋음/나쁨, 재미/지루함 등)의 많은 것들이 완전히 다른 것임을 깨닫기 시작할 수 있다.

• 당신의 가치관에서도 같은 일이 발생한다. 특히 당신이 그들을 자세히 검토하거나 도덕적 딜레마에 직면할 때 그렇다.

(4) 행동경직성

• 다른 응답이 없으므로 항상 같은 작업을 한다.

• 같은 문제를 계속 반복하면서 좋은 해결책을 찾지 못할 때가 많다.

• 수용전념치료는 이것이 우리가 문제에 직면할 충분한 "해결책"이 없기

때문이며 또한 우리는 어떤 것도 찾지 않기 때문이라고 말 한다.

(5) 수용전념치료사용

• 수용에 초점을 맞추는 것과 관련이 있을 수 있다.

• 정서적 고통 (불안, 우울증, 고통, 외상 후 스트레스 등)과 관련된 경험들에 있어서 절대적으로 필요하다. 그러나 그것은 또한 수용전념치료의 개인적인 헌신에 대한 격려에서 나온다.

• 수용과 포기를 새로운 관점으로 볼 수 있도록 도움을 드리고자 한다. 있는 그대로, 오는 그대로의 삶을 수용하고 긍정하는 것은 결코 포기가 아님을 느낄 수 있다.

1) 수용전념치료 녹색(텃밭) 활용

(1) '녹색(텃밭) 활용 사례'

• 녹색(텃밭)을 가꾸고 선택을 하였기에 이러한 생각과 감정을 느낄 때도 물을 주고 땅을 갈아주는 것이다.

• 녹색의 농사짓는 사람이 직접 먹기 위해서 일구는 것으로 노인의 녹색(텃밭) 활동은 인지기능에 도움이 된다.

• 중간, 강등의 신체활동으로 땅파기, 비료주기, 땅고르기, 모종심기, 물주기 등 작업을 수행하며 수용전념치료로 건강한 노년을 위해녹색(텃밭) 활동이다.

• 녹색(텃밭)활용은 농사일을 치유의 수단으로 건강 돌봄 시스템 요소로 치유농업, 녹색치유, 건강을 위한 농업으로 국민의 신체, 정서, 심리, 인지, 사회 등의 건강을 도모하는 산업을 의미한다. 본질적으로는 '치유를 제공하기 위한 농업의 활용'이다.

(2) 녹색(텃밭) 활용 프로그램 구성

• 식물은 보살핌과 유기에 대해 직접적으로 반응을 한다.

• 대상자에게 긍정적으로 피드백으로써 새로운 잎과 꽃, 그리고 열매로 보상을 해주어 성취감 목적을 계획한다.

• 반응, 상호작용, 작업으로 환경작업인 세 영역으로 구성되며 반응은 사람들이 식물과 수동적 관계 속에서의 관련이며 수용전념치료이다.

(3) 녹색(텃밭) 활용 프로그램 구성

• 내담자들의 한 가지 문제점은 그들이 해결책과 문제를 혼동 할 수 있다.

프로그램명	노인주간보호센터 텃밭 가꾸기 힐링(Healing) 텃밭
서비스대상	데이케어센터 이용자
목 적	노인주간보호센터 이용자들이 텃밭 가꾸기 프로그램에 참여함으로써 개인적 어려움을 해결(극복)하고 노후의 삶의 질을 향상하는 목적이 있다.
목 표	1. 신체기능 유지 향상 2. 생활만족도 향상

	세부 프로그램명		주요내용
주요 사업 내용 요약	텃밭 가꾸기 프로그램	1회기	✔노인 주간보호센터 사전 검사 실시 ✔봄 농사 준비를 위한 교육(파종하기, 텃밭작물 교육, 모종 심기)
		2회기	✔텃밭 물주기(수시) ✔작물 솎아내기 ✔방울토마토, 오이 등 여름 모종 심기
		3회기	✔작물 수확 ✔옥상 텃밭과 함께하는 점심식사
		4회기	✔여름작물 관리 ✔가을작물 교육 및 진드기 예방법 안내
		5회기	✔작물 수확, 수확물 나누기
		6회기	✔가을 농사를 위한 텃밭 정리 ✔배추, 무, 고구마 모종 심기
		7회기	✔고구마 줄기 수확 ✔농사를 테마로 한 회상활동
		8회기	✔고구마 수확 및 가을 농사 정리
		9회기	✔한 해 농사 마무리 ✔사후 검사 실시

〈출처: 데이케어센터〉

① 녹색(텃밭) 활용 프로그램 목적

- 녹색(텃밭) 활동은 정신적, 신체적 건강상태의 수용 목적이다.

- 원예복지활용, 동물매개 음식치료, 치유농업 등을 통해 사회복지, 보건학, 작업치료 등 치료적 개입방법의 적용시킨다.

② 텃밭 활용 프로그램 효과

프로그램 진행 전	진행 후 변화 상황
✔노인주간보호센터 이용노인의 퇴행성관절염, 노인성질환, 고혈압 등 복합적인 질병을 가지고 있어 건강관리가 필요함 ✔장기요양이용자의 경우 신체적·정서적으로 불안한 심리상태를 나타내며, 노후에 대한 부정적인 인식이 큼	✔만성질환을 가진 이용자들이 녹색(텃밭)을 지속적으로 가꾸면서 신체적 능력을 유지하고 향상하고자 함 ✔녹색(텃밭) 작물과의 라포 형성을 통해 노후의 삶을 만족할 수 있도록 함

데이케어센터 노인의 녹색(텃밭) 활동 사례

〈출처: 한국열린사이버대학교 통합치유학과 협약기관 '효 요양원'〉

2) 수용존엄의 모사화

① 모사화 제작의 이론적 접근

■ '모사화 제작'이란

• 모방, 규칙, 집중력을 통한 건강관리에 효과적인 예술 활동

- 신경이 예민한 화가(고흐)의 그림을 모방 제작하는 모사화는 그리는 사람의 집중력 강화 및 숨고르기의 수용 존중의 감정 조절이다.

• 눈과 손이 협응하여 의도한 선을 긋는 것으로 교감 신경, 혈관 등 자극

- 인체의 큰 혈관이 자극되고 심장으로 가는 혈액량을 증가시킨다.

• 마음 챙김의 정서(날숨, 들숨)를 조절

- 점과 선의 시작과 끝을 맞추거나 이을 때를 살피며 날숨, 들숨을 통한 숨골을 자극하여 안정 감각이 신경으로 전달된다.

- 편도, 해마의 변연계를 자극하여 흥분이 억제되며 정서적 평정과 심리적 자유로움 활성화 된다

■ 모사화 제작의 목적

• 치매노인에게 주의를 시키면 주의 이유는 바로 잊지만, 그때의 굴욕적인 기분은 오랫동안 남아서 불안 감정을 남겨놓는다.

- 그림 실력을 요구하지 않는 모사화로 기분을 좋게 하는 즐거움이 목적이다

• 친숙함을 주는 모사화는 충분한 시간을 배려하여 작품을 인지하는 기억력 향상 목적이다

• 자신의 정서적 고통이나 신체적 질병의 원인을 규명하도록 화가의 그림 당시 내막과 질병 등을 말하고 '건강은 관리하는 것'임을 인식하는 목적이다

■ 모사화 제작의 효과

• 뇌의 신경계에 모사화 제작 절차가 약화된 기억력의 소통을 일으킴 ⇒ 변별력 효과다

• 이용자의 만족도 향상, 미술 활동에 대한 이해와 해석 능력을 갖춘다.

• 삶의 다른 측면에서 지나온 삶에 관한 결과를 겸허하게 받아들이게 지지망을 형성하는 효과다

■ 모사화 제작의 장점

• 모사화 작품을 제작하며 '스스로 할 수 있다'는 자존감 높아진다.

• 여가 개선 분야로 성취감이 생기도록 경험을 제공한다.

• 채색으로 강한 심리적 자극과 의지를 표현한다.

② 모사화 제작하기

• 모사화 제작 준비물 : 도화지, 색연필, 4B연필, 반 고흐 '해바라기' 작품 사진*

※ 화가 반 고흐와 '해바라기' 작품 히스토리

- '반 고흐' - 영혼이 담긴 작품을 남긴 만인의 작가이다.

- 살아서 아무런 인정을 받지 못했지만, 죽은 후에 그 진가가 알려져서 인류 역사를 통틀어 가장 영혼이 담긴 작품을 남긴 작가로 알려졌다

- 고흐는 누구보다 불행한 사람이었고, 평생 가난과 병마에 시달렸다.

- 그의 위대함은 그런 환경에서도 자신의 하는 일에 영혼을 기울였다는 것이다.

- 고흐는 이 작품을 통해 시각적 풍부함과 형태를 잃지 않고 해바라기를 다양하게 활용하다.

- 색은 크롬 옐로우(Chrome Yellow), 옐로우 오커(Yellow Ochre), 말

라카이트 그린(Malachite Green) 등 세 가지 외에는 아무것도 사용하지 않았다

- **'반 고흐의 해바라기 작품' 모사화 제작 과정**
① 작품 도안을 보고 형태를 도화지에 따라 그림이다
- 고흐의 해바라기는 단순히 눈을 즐겁게 하는 작품만은 아니다
- 이 작품을 통해 더 높은 목표를 추구하며 작품 속에서 '음악처럼 무언가 편안한 것을 말하고' 싶었고, 이를 색채의 '실질적인 빛과 공명'으로 전달하려 했다
② 완성된 도안을 보고 색을 칠함
- 약간 어둡지만 빛나고 다양하게 그늘진 노란색에는 우리를 매혹하고 즐거움이 녹아 있다.
- 함께 작업하기로 약속했던 고갱이 도착하기를 기다렸던 반 고흐 생애 가장 행복했던 순간에 그려진 작품이다.
- 색을 칠하는 과정에서 똑같은 채색을 할 필요는 없다.
③ 완성 후 감상하기
- 열네 송이가 담긴 화병은 희망과 정열의 노란색을 띠고 있지만, 화병에 담긴 다른 해바라기들은 고흐 그 자신처럼 병들어가면서도 생의 희망을 이야기 하는 듯하다

- **반 고흐의 해바라기 작품 모사화 제작 사례**
- 모사화 프로그램을 통해 이루어지는 명화(名畵) 작가와의 정서 교류
- 치매노인의 심리에 상호작용하여 감정-환기-탐색에 영향을 줌으로써 긍정적 심리상태를 형성한다.
- 우울, 불안 및 대인민감증을 개선하는데 효과가 있다.

〈출처 : http://www.focuscolorado.net/, 한국열린사이버대학교 김미경 교수 작품 외〉

■ '모사화 제작하기'의 치매노인 노인 케어 효과

• 파킨슨병을 앓고 있는 노인은 고통스럽고 병이 악화되었던 고흐가 병원에서도 그림을 그렸던 것을 상기하며 자신의 떨리는 신체와 고통을 느끼는 심리적 아픔을 (빨간)색으로 표현하며 자신을 달램

• 초기치매를 앓고 있는 노인은 자신이 칠하고 싶은 색으로 고흐의 어두웠던 마음에 동조하며 자신만의 음악적 색채를 표현한다.

• 치매노인은 고흐의 삶을 이야기로 듣고 채색의 꼼꼼함이 높아졌고, 안정된 구도의 변화가 나타난다.

'비언어적 매체인 색칠은 지시 또는 통신의 기본 언어를 이해하지 못하는 그룹에서 응용되어짐'

3) 내 마음을 받아줘

■ 꽃잎 만드는 순서

- 아이스크림 접기 후 중심에 맞춰 반대쪽도 접어 줌

- 빗금 친 부분에 풀칠해서 6장 조립함

- 마지막에도 풀칠해서 입체로 조립하고 꽃잎을 바깥쪽으로 둥글게 말아 줌

■ 꽃잎 만드는 순서

- 아이스크림 접기를 한 다음(2장) 빗금 친 부분에 풀칠해서 붙여 줌

- 점선을 따라 접어 줌

- 빗금 친 부분에 풀칠해서 반대쪽 잎을 접어 붙여 줌

① 꽃 만들기 (실습하기)

꽃 실습	
꽃을 주고 싶은 사람 생각하며 인지 강화	전체적인 조합을 통해 자신감 향상

| 조립
및
장식 | 흰색의 순수함 감정은 아픔을 애도하며 꽃과 잎의 중심을 통과해서 조립하고 리본으로 장식 |  |

② '내 마음을 받아줘' 케어

- 색종이 접기를 통한 노인 마음 케어

• 노인의 풀지 못한 마음을 종이꽃을 선물하며 정리 한다.

• 사고의 고착성과 퇴보 방지를 위해 꽃 속에 사랑의 마음을 담도록 안내를 한다.

- 색종이 접기를 통한 우울감 퇴치

• 공격성 억제를 위해 색종이의 끝과 끝을 맞추며 집중력 강화이다.

• 노인들의 우울감은 정서적 기반이 약화 되어 있을 때 나타나는데 참여 유도를 통해 방지할 수 있다.

- 시 지각을 통한 정신건강 관리

• 초록색은 역할 상실과 삶의 어느 단계에서 주요한 정신적 기능의 전환을 준다.

• 작품은 마음에 끌리는 사람을 선별하고 전달하며 노년기의 정신건강을 관리한다.

③ 종이 접기의 효과

- 집중력

• 손색종이 접기 순서를 살피도록 도안을 보며 접어 누르고 섬세함과 집중력 강화

• 그림 도안을 눈으로 보고, 손으로 직접 만들면 눈, 손 협응력 발달

• 손가락의 소 근육은 지적 발달도 도움

- 자신감

• 글을 몰라도 색종이 색을 보며 선택하고 접는 판단을 함

• 색의 배색 의미를 알게 되고 미적 감각이 커짐

• 동그라미, 세모, 네모 등 도형의 어울림 구성을 하고 전체성을 조율하는 구성력을 키움

- 창의력

• 일의 순서를 자연스럽게 경험을 함

• 나이와 관계없이 누구나 할 수 있음

• 시간적, 공간적, 제약 없이 편안하게 진행하는 활동

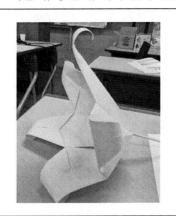 

❽

수용존엄의 걷기 운동

1) 걷기운동의 이해

• '걷기운동'이란 걷기의 근육 조직, 뼈대조직, 심장 근육과 민무늬근육을 움직임으로써 고정된 땅을 박차고 디딜 때 반작용으로 밀어내는 근육의 힘에 의해 일어나는 현상이다.

(1) 걷기조직의 재생은 일생 동안 분열하는 줄기세포와 다른 분열하는 세포가 파괴된 것과 같은 종류의 세포를 회생시킨다. 땅과 만나는 걷기의 신경조직이 활동전위(전기신호)를 전도하는 특화적 질병치료 활동이다.

(2) 걷기운동의 목적은 알츠하이머 치매노인의 근력 강화를 위해 신체에 무리가 되지 않도록 천천히 운동함으로써 혈관성 치매노인의 걷기운동에서 강도를 달리하며 근육의 수축/이완이 이루어져 혈관 벽의 탄력 상승의 목적이 있다. 또한 치매노인은 물론 일반 노인들에게도 안전한 유산소성 운동을 통한 심신 단련된다.

(3) 걷기운동의 장점은 완보, 산보, 속보, 급보는 체중을 이용하여 운동하기 때문에 가장 자연스럽고 안정성이 있으며 특별한 경제적인 투자가 없이도 가능한 운동으로 바른 자세로 바른 걷기 운동을 할 수 있도록 틀어진 몸의 밸런스를 바르게 잡을 수 있다. 바른 걷기 자세에 대해 정확히 이해하는 것이 필요하다.

(4) 걷기를 통한 치매노인 증상 예측 및 구분

• 혈관성치매노인 걸음걸이 특징

- 첫걸음 떼기가 힘듦

• 파킨슨치매노인 걸음걸이 특징

- 상체와 하체의 움직임 자체가 느림

- 허리가 굽으면서 보폭이 좁아져 종종걸음과 중심 잡기가 어려워 돌아설 때 자주 넘어짐

• 알츠하이머 치매노인 걸음걸이 특징

- 걸음은 잘 걷지만 속도가 매우 느림

2) 올바른 걷기운동 방법

(1) 치매노인 증상별 걷기운동 지도

① 혈관성치매노인 (고혈압 환자 등)

• 꾸준한 걷기운동을 통해 혈관성치매노인 유병률을 감소시킬 수 있음

• VO2max의 50% 이하의 저강도로 30분 이상 걷기운동을 함

• 일주일에 3~5회 걷기운동을 하는 것이 혈압을 조절하는 것에 도움이 됨

② 알츠하이머치매노인 (고지혈증 환자 등)

• VO2max의 40~50% 이하의 저강도로 일주일에 3회 이상 걷기운동 하는 것이 일반적으로 권장한다.

• 인슐린 저항성이 있는 경우는 당원의 합성이 운동 후 12~24시간에 항진되어 당신합성(Gluconeogenesis)이 억제되므로 인슐린 감수성을 호전시키기 위해서는 중등도 이상의 강도(VO2max의 60~70% 정도)의 운동이 필요하다.

• 환자가 무릎이나 발목에 관절염이 있는 경우나 비만이 심한 경우, 체중부하 운동을 실시하면 관절에 무리가 오기 쉬우므로 주의를 요한다.

③ 맞춤형 걷기운동 지도

• 기본 사항

- 걷기의 운동생태학적 근본원리 이해 필요

- 바른 자세, 바른 걷기에 대하여 숙지

- 걷기운동에 필요한 기본적인 근력운동(무산소 운동) 제안

- '중심잡기 → 마음잡기 → 균형 잡기' 순으로 걷기 진행

④ 체력 수준이 낮거나 연령이 높은 노인 대상

 - 운동시간은 가급적 동일하게 함

 - 걷는 속도를 천천히 하며 익숙해지는 정도에 따라 점차 속도, 시간, 거리를 증가시킴

 - 걷기 종료 후 심박수, 걷기시간, 걷기 중이나 걷기 종료 후의 기분을 점검함

⑤ 노인 지도 시 대화기술 참고사항

 - 질문을 끝까지 잘 듣기 (경청하기)

 - "아~~, 그렇군요", "그렇지요" 등 자주 사용

 - 개인의 능력과 속도에 맞춰 대화 시도 (개인차 고려)

[치매 예방 및 인지 능력 향상 – 스퀘어스텝 운동프로그램]

스퀘어스텝 운동 모습 (스퀘어스텝 운동지도자 자격협회)

〈출처:http://www.slnews.co.kr/news/articleView.html?idxno=20045
http://m.shnews.net/news/articleView.html?idxno=30342〉

스퀘어스텝 운동 스텝 패턴 (스퀘어스텝 운동지도자 자격협회)

오른발 시작 (첫 번째)

	2		
		1	
	2		
		1	
	2		
		1	
	2		
		1	
	2		
		1	

오른발 시작

왼 발 시작 (첫 번째)

		2	
	1		
		2	
	1		
		2	
	1		
		2	
	1		
		2	
	1		

왼 발 시작

오른발 시작 (두 번째)

3		
2		1
	6	
4		5
	3	
2		1
	6	
4		5
	3	
2		1

오른발 시작

왼 발 시작 (두 번째)

3		
1		2
	6	
5		4
	3	
1		2
	6	
5		4
	3	
1		2

왼 발 시작

✓ 걷기에서 스텝패턴을 보고 외워서 정확하게 한걸음, 한걸음 앞으로 전진
✓ 틀리지 않도록 주의력의 기울인다.
✓ 주위에 사람들이 있을 때에는 소통을 위한 하이파이브로 친밀감을 형성

〈출처 : http://www.slnews.co.kr/news/articleView.html?idxno=20045
http://m.shnews.net/news/articleView.html?idxno=30342〉

⑥ '걷기운동 지도'의 치매노인 케어 효과

• 기억력, 집중력, 주의력, 조절력 향상

• 도전 의욕, 성취감을 지속가능하게 함

• 치매노인은 물론 모든 연령대의 체력 수준에 적용 가능하여 안정성 있게 체력 증진을 가능하다.

초급 2

패턴 11

4		3
	2	1
4		3
	2	1
4		3
	2	1
4		3
	2	1

패턴 12

3		4
1	2	
3		4
1	2	
3		4
1	2	
3		4
1	2	

초급 2

패턴 1

4	2	1	3
4	2	1	3
4	2	1	3
4	2	1	3
4	2	1	3
4	2	1	3
4	2	1	3
4	2	1	3
4	2	1	3

패턴 2

3	1	2	4
3	1	2	4
3	1	2	4
3	1	2	4
3	1	2	4
3	1	2	4
3	1	2	4
3	1	2	4
3	1	2	4

초급 2

패턴 9

4		3
2	1	
4		3
2	1	
4		3
2	1	
4		3
2	1	

패턴 10

3		4
	1	2
3		4
	1	2
3		4
	1	2
3		4
	1	2

중급 2

패턴 7

6	4	5
	2	1	3
6	4	5
	2	1	3
6	4	5
	2	1	3
6	4	5
	2	1	3
6	4	5
	2	1	3

패턴 8

	5	4	6
3	1	2	
	5	4	6
3	1	2	
	5	4	6
3	1	2	
	5	4	6
3	1	2	
	5	4	6
3	1	2	

중급 2

패턴 9

4	6	5
2	1	3
4	6	5
2	1	3
4	6	5
2	1	3
4	6	5
2	1	3
4	6	5
2	1	3

패턴 10

5	6	4
3	1	2
5	6	4
3	1	2
5	6	4
3	1	2
5	6	4
3	1	2
5	6	4
3	1	2

중급 2

패턴 17

2	8	7	1
4	6	5	3
2	8	7	1
4	6	5	3
2	8	7	1
4	6	5	3
2	8	7	1
4	6	5	3
2	8	7	1
4	6	5	3

패턴 18

1	7	8	2
3	5	6	4
1	7	8	2
3	5	6	4
1	7	8	2
3	5	6	4
1	7	8	2
3	5	6	4
1	7	8	2
3	5	6	4

상급 1

패턴 25

8	6	5	3
4	2	1	7
8	6	5	3
4	2	1	7
8	6	5	3
4	2	1	7
8	6	5	3
4	2	1	7
8	6	5	3
4	2	1	7

패턴 26

3	5	6	8
7	1	2	4
3	5	6	8
7	1	2	4
3	5	6	8
7	1	2	4
3	5	6	8
7	1	2	4
3	5	6	8
7	1	2	4

상급 1

패턴 31

6	2	1	5
4	8	7	3
6	2	1	5
4	8	7	3
6	2	1	5
4	8	7	3
6	2	1	5
4	8	7	3
6	2	1	5
4	8	7	3

패턴 32

5	1	2	6
3	7	8	4
5	1	2	6
3	7	8	4
5	1	2	6
3	7	8	4
5	1	2	6
3	7	8	4
5	1	2	6
3	7	8	4

상급 1

패턴 29

8	2	1	7
4	6	5	3
8	2	1	7
4	6	5	3
8	2	1	7
4	6	5	3
8	2	1	7
4	6	5	3
8	2	1	7
4	6	5	3

패턴 30

7	1	2	8
3	5	6	4
7	1	2	8
3	5	6	4
7	1	2	8
3	5	6	4
7	1	2	8
3	5	6	4
7	1	2	8
3	5	6	4

3) 동작 치료

• 동작 치료는 호흡을 비롯한 동작은 언어 및 사고보다 앞서며 이러한 몸짓은 의사소통을 위한 인간의 욕구를 표현하는 수단으로 마음 - 신체 개

념은 변화를 거쳐 제자리로 돌아오고 인간의 모든 성분과 요소는 연관성 있는 체계로 돌아온다. 또한 인간의 기본적인 구성요소들은 유기적인 체계이며 여러 동작 패턴은 사람들을 엑스터시 상태로 이끌어 강력한 기분을 느끼게 하고 인내력과 힘을 통한 놀라운 기능을 행할 수 있게 한다.(de Mille, 1963)

• 데카르트는 몸과 마음의 관계를 무시했고 신체와 마음을 명백한 독립체로 보았으며 정신을 진정한 자신이라고 보았다

① '동작 치료'란 그룹 내에서 자신의 충동과 욕구를 표현할 수 있다는 인식과 함께 움직임을 통해 무언가 설명하기 힘든 것을 표현하는 것이며 동작을 통해 각자 크고 작은 부분으로의 역할을 하며 공동체의 한 구성원으로 연결되어 있다는 것을 기본으로 개인적 한계나 염려를 넘어서게 해주며 함께 움직이는 기쁨 속에서 우리 자신의 가치를 확인할 뿐만 아니라 개인의 문제를 인식하게 된다. 우리의 생각에 의해 마음과 감정이 어떻게 영향을 받는지, 그리고 어떻게 동작 자체가 그들 사이에서 변화를 불러일으키는지를 설명하는 것이다.

② '동작 치료' 연구학자

• 마리안 체이스(Marian Chace)

- 자신의 치료 개념을 개발했고, 향정신성 약물의 출현 이전에 정신분열증과 정신병 환자들을 대상으로 작업함(Sandel et al., 1993)

- 환자들이 모이면 그녀는 그들 각자에게 인사하고 자신이 누구인지, 왜 거기 있는지를 설명함.

- 치료 세션은 서로 다른 정도의 에너지, 강도, 친밀함, 웃음, 나눔으로 나타날 수 있음

- 감정의 범위는 동작이나 언어를 통해 표현하는데 환자들은 세션 전에

고립되어 있던 것과 달리 다른 사람들과 연결되어 있다는 확실한 느낌과 자아에 대한 명확한 느낌을 간직한 채 자리를 떠났으며 이것은 모두 제시되고 확인과 반응이 이루어졌던, 상징적인 동작 표현들에 대한 섬세한 인식을 통해 일어났음(Sandel et al., 1993)

- 마리 화이트하우스(Mary Whitehouse)

- 1959년에 자신만의 작업 방식을 발달시켰으며 마리 비그만과 함께한 무용연구와 융 분석연구 배경에서 기인한 접근법 연구

- 주로 보호시설 환경에서 일한 체이스와 달리 보다 기능이 높고 자아강도가 강한 사람들과 작업을 하는데 융의 적극적 상상 개념을 자신의 작업 토대로 사용한다.

- 개인은 내면의 근감(Kinesthetic sensation)으로부터 일어나는 자발적인 신체 움직임을 이용해 소통의 상징적인 본성을 인식하게 되고, 그 후에 자기인식과 변화의 문을 열게 된다.

- 자신의 연구를 심층적 움직임(Movement in Depth)라고 불렀고 후에 그녀의 추종자들을 통해 진정한 움직임(Authentic Movement)이라고 불렀다.

③ 동작 치료의 효과는 창의적 탐구와 자연스러움, 놀이성을 활용하여 환상과 신체지각으로 움직임을 표현할 수 있으며, 다른 사람들과 더 나은 관계를 맺을 수 있는 방법을 터득하고 고독함을 덜 느끼게 되면서 감정에 나타나는 두려움을 감소시키는 효과가 있다.

④ 동작 치료의 장점은 몸으로 하는 것이기 때문에 내담자의 방어기제를 빠르게 무너뜨릴 수 있으며 나의 동작을 만들고, 다른 이들의 움직임을 똑같이 느껴보는 원초적인 소통 도구이다. 또한 치매노인 노인들이 신체적 기능을 회복하면서 다른 인지적 능력을 회복하는 연대감을 느끼게 된다.

〈출처 : http://m.weekly.chosun.com/client/news/viw.asp?ctcd=C01&nNewsNumb=002556100017〉	〈출처 : https://www.dementianews.co.kr/news/articleView.html?idxno=3003〉

〈출처 : https://news.joins.com/article/21748859〉	〈출처 : http://www.hani.co.kr/arti/culture/music/856345.html〉

4) 동작 치료 운동법

① 발 신경조직 자극하기

• 근육 자극과 이완

- 어깨 부위가 굳어 뻐근할 때는 오른손 엄지손가락을 제7경추에 대고 어깨 관절까지 기압을 넣는다.

- 근육이 뭉치고, 몸이 뻐근할 때 몸을 시원하게 풀 수 있는 지압법
- 다음으로 양발을 탁탁 소리가 날 정도로 부딪쳐야 함
- 마치 발로 박수를 하는 것과 같다하여 '발 박수'라고 한다.
- 계속하다 보면 허벅지의 근육이 단단하게 당겨지고, 발에서 열감을 느낌

② 제 2의 심장 - '발' 자극
- 발꿈치를 고정시킨 상태에서 발만 서로 엇갈리게 하며 박수를 친다.
- 서로 다른 발의 용천혈을 자극 할 수 있다.
- 둘째와 셋째 발가락 사이 발바닥의 1/3지점에 약간 들어간 부위의 발가락 안으로 구부림
- 심장을 더 확연히 자극할 수 있다.
- 근육에서부터 체열이 발생하고 서서히 심장 쪽으로 체온이 오름을 느낀다.

③ 양발의 큰 발가락 운동
- 큰 발가락을 당기고 밀기를 10회 이상 실시 - 엇갈리게 함 (누르기와 순환 운동, 대처법)
- 양 발가락 끝을 밀고 당기기 - 엇갈리게 함
- 5회 손 박수, 발 박수를 치고 10초간 쉬기 (3회 반복)
- 발을 직각으로 세우고 뒤꿈치는 고정시킨 후 발을 빠르게 펼쳤다 오므렸다를 반복함
- 양발을 탁탁 소리가 날 정도로 부딪치게 함

④ 발 박수치기
i. 발 박수 반복하기
- 발을 직각으로 세우고 뒤꿈치는 고정시킨 채 부채처럼 발을 빠르게 펼쳤다 오므리기를 반복함

- 양손으로 두드리듯이 다리를 쳐 주어도 좋음

⑤ 공감하기

- 공감이나 격려 차원에서 마음과 몸 건강을 이해하기

- 발에서 열이 나는 것을 느끼며 인지하기

[발동작 및 박수치기]

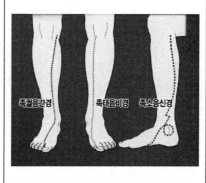

〈출처 : http://enews.imbc.com/News/RetrieveNewsInfo/248350〉

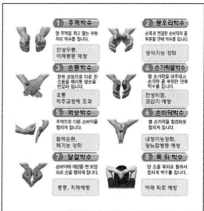

〈출처 : http://allclip.sbs.co.kr/end.html?clipid=CS1_188497 / 대전지방경찰청〉

9

안전수칙 & 질병예방

1) 계절별 생활안전수칙

(1) 여름철 폭염

① 면역력에 영향을 주며 폭염에 의한 노년기 수면 부족을 방지해야 한다.

② 수면장애는 일상생활에 불균형을 줌으로써 혈관은 팽창되어 늘어나면 혈액의 운반속도는 느려진다. 더운 날씨로 탈수가 진행되면 수분을 잃어버린 혈액이 끈끈해져 혈관 속에 흐르지 못하여 혈전을 만들어서, 뇌로 혈류공급을 줄어들게 하는 위험요인이 되기도 한다.

(2) 겨울철 한파

날씨는 건강에 치명적인 영향을 미치며 추위는 혈관수축, 고혈압, 혈액순환 저하의 위험도 상승하게 한다. 기온은 체온을 조절하는 자율신경계 시스템 장애를 유발하기도 한다.

(3) 일상생활 속 안전수칙

치매노인은 치매 뿐만 아니라 고혈압, 요실금, 낙상 예방의 안전을 관리해야 하며 치매노인 노인이 의자(침대)에서 움직일 때 일상생활에 골절 등 다양한 위험요소의 안전을 준수한다.. 치매노인 노인이 안전하고 편안한 일상생활을 영위하도록 심신안정을 취해야 하며 주거지역에 소음, 공기 오염이 고령층의 치매노인 위험 높이는 요소의 하나이다.

2) 치매위험 사례

① 영국의 킹스 칼리지런던 프랭크 켈리 교수팀의 사례

킹스카리지 프랜크 켈리 교수팀은 2005년 ~ 2013년까지 9년 동안 영국 런던에 있던 13만여 명의 의료기록을 분석한 결과에서 2,181명(1.7%)이 치매노인 진단을 받았고 이 가운데 848명 (38.9%)은 알츠하이머치매노인, 634명은 (29.1%)은 혈관성치매노인 등이었다.

미세먼지는 크기가 매우 작아서 호흡기인 폐포에 머물고, 혈관으로 침투해 온몸을 돌아다닌다. 미세먼지는 혈액을 타고 다니며 혈액 속 백혈구와 만나 염증 반응을 일으키고 혈액 속 점도를 높여 심혈관계 질환 발병, 동맥경화 악화, 자율신경계 이상의 뇌졸중 발병된다. 또한 미세먼지가 뇌혈관으로 침투해 독성이 축적되면 알츠하이머 치매에 걸릴 확률이 높게 나타난다.

② 미국 바예데 대학의 국제연구팀 사례

몬태나대학과 멕시코시티에 사는 생후 11개월 된 아이부터 40세의 성인까지 거주민 203명을 대상으로 장기간 추적 조사를 하였다.

멕시코시티에서 초미세먼지에 노출된 젊은이들의 뇌에서 알츠하이머의 발병을 나타내는 비정상적인 과인산화 타우, 베타아밀로이드 2종의 수치가 높아지고 있음을 발견되었으며 1세 미만의 아기들에게도 조기 징후를 확인하였다. 미세먼지는 성장기 아이들의 뇌 발달에 영향을 미쳐 주의력 결핍, 과잉행동 장애를 유발한다.

3) 화투 도안 색칠 활동을 통한 질병예방

(1) 화투 도안의 상징과 해석

■ 화투 도안의 상징

1월	2월	3월	4월	5월	6월
7월	8월	9월	10월	11월	12월

〈출처 : 어반브러쉬, https://www.urbanbrush.net (디자이너 39fh)〉

① 화투 도안의 '새' 상징

- 1, 2, 4, 8, 11, 12월에 새 상징과 관련되어 있음

- 1월은 두루미, 2월은 꾀꼬리, 4월은 비둘기가 그려짐

- 8월은 기러기, 11월은 닭(봉황), 12월은 제비가 그려짐

② 화투 도안의 '식물' 상징

- 1월 소나무, 2월 매화, 3월 벚나무, 4월 흑싸리(일본 등나무), 5월 난초 (일본 창포)

- 6월 모란, 7월 홍싸리(일본 싸리), 8월 억새(일본), 9월 국화

- 10월 단풍, 11월 오동나무, 12월 버드나무

③ 화투 도안의 '사람과 동물' 상징

- 12월(일본은 11월) 도안에 나오는 사람은 '오노도후(小野道風, 894~966년)'라는 일본의 3대 서예가임
- 강물에 빠져있는 청개구리가 높이 있는 버드나무에 오를 수 없었는데, 많은 노력 끝에 바람이 불면서 나뭇가지가 내려오자 청개구리가 뛰어 나무에 오른 것임
- 6월에 나비, 7월에 멧돼지, 10월에 사슴이 나옴

(2) 화투 도안의 해석
① 화투 도안의 '새' 해석
- 1월의 새인 두루미는 중국과 일본에서 학(鶴)이라고 부르고, 한중일 모두 새 중에 으뜸 내지 지존으로 여기는 새임
- 11월의 새를 일본은 '봉황'이라 하고 한국은 '닭'이라함
- 이는 존재감 또는 마음껏 자유를 펼치지 못함(날지 못함)으로 해석함
- 여름 철새 제비가 겨울인 12월 '비광'에 등장함
- 이는 현재 상황의 어려움, 고난으로 해석함
② 화투 도안의 '나무' 해석
- 1월의 소나무는 절개와 지조, 장수의 상징으로 한국, 중국, 일본의 공통된 정서임
- 11월의 식물은 오동나무임
- 사람들은 이를 흔히 '똥'이라 부르는데 이것은 오동나무의 '동'을 강하게 발음하여 붙은 것임
- 12월의 버드나무 아래 개구리는 '노력의 중요성'으로 해석함
- 개구리가 냇가에서 육지로 오를 수 없었는데, 많은 노력 끝에 자연의 바람이 불면서 나뭇가지가 내려오고 개구리가 뛰어 나무에 오르게 됨

③ 화투 도안의 '꽃과 동물' 해석

- 3월 광에는 벚꽃(사쿠라)과 식장 등에 길게 둘러치는 장막인 휘장이 그려져 있으며, 대나무 바구니에 벚꽃을 담아놓은 형상임

- 6월의 모란과 나비는 각각 '부귀영화', '자유'를 상징

- 7월의 멧돼지, 10월의 사슴은 사냥의 정서를 보여줌

- 7월 바쁜 농번기의 멧돼지와 가을 추수시기에 사슴은 우리의 정서와는 맞지 않음

(3) 화투 도안 케어의 이해

① '화투 도안 케어'란

• 노인에게 주어졌던 화투의 오락적인 부분을 상징적으로 재해석하는 것

• 노년기 시간을 긍정적으로 운용하기 위해 놀이 시간에 활용함 (단, 도박 등 부작용 주의)

• 사회 속에서 개인과 전체의 조화로운 삶을 위해 누구나 알고 있는 화투 도안을 활용함

② 화투 도안 케어의 목적

• 노인의 시간을 체험하고 삶의 의미를 탐색

• 오락의 본질적인 측면을 이용하여 화투 도안을 통한 체험을 노인의 관점에서 이해

• 체험에 내재되어 있는 놀이학습의 의미와 본질을 이해

③ 화투 도안 케어의 효과

• 화투 도안 케어를 통해 쉽게 친해질 수 있어 다양한 인간관계를 유지할 수 있음

• 숫자를 활용하여 그림을 그리는 인지학습 치유

• 심리적 측면에서 자발적인 선택과 즉각적인 체험의 내재적 보상 추구

④ 화투 도안 케어의 장점

• 인간의 실존을 느끼는 대안으로써 노인의 주체적 삶을 체험하게 함

• 적당한 긴장과 스트레스가 부여되고 부교감신경을 자극하여 삶의 활력을 자극함

4) 화투 도안을 통한 인지활동

■ '색칠'이란

• '색칠'의 사전적 의미 : 색깔이 나게 칠을 함

• 여러 기호와 구호의 새로운 조합으로 '변화-변형-혼합'되어 새로운 패턴을 이야기하는 것

• 색칠을 통해 기표와 기의를 관계 짓는 기호의 리얼리즘을 구축하는 것

• 의성과 기하학의 지식을 개발하기 위한 교육의 보조 도구 활용

■ '색칠 활동'이란

• 색칠을 통한 마음과 생각의 접합 활동

• 지시 또는 소통의 어려운 대상 교육에서 다양한 응용 프로그램으로 활용 가능한 활동

• 색의 혼색을 통한 자신이 의도한 색칠로 내면의 감정을 이해하고 치유하는 활동

■ 색칠 활동의 효과

• 신체 운동 지능(대근육, 소근육) 2가지 모두 정교하게 움직임 도움 (종합치유 효과)

- 색칠과정에서 잡기, 쥐기, 놓기, 쓰기, 그리기 등을 꾸준히 연습 가능함으로써 손 사용 협응을 비롯한 소근육 발달에 도움

- 손가락 근육과 얼굴 근육은 물론 몸의 전체를 움직여 큰 운동을 하는 대근육 발달 또한 도움
• 손 운동을 통한 뇌의 운동중추 기능 향상
- 손과 손가락을 '제2의 두뇌'라고 부르기도 할 만큼 손 운동과 두뇌발달의 상관관계 큼
■ 치매 노인의 '화투 도안 색칠 활동'을 통한 기대효과
• 시각-운동 협응, 도형-배경 변별, 항상성 지각, 공간-위치 지각, 공간관계 지각 등을 즐겁게 활동함으로써 치매노인 예방에 도움
• 어렸을 때 보았던 화투 도안을 그대로 색칠하는 연습을 통해 인지 기억력 발달
• 소근육 능력 향상과 더불어 두뇌발달 도움
• 도안 숫자 연계를 통한 민첩성, 시지각 능력, 모방의 인지 강화 도움

(1) 화투 도안 인지 활동의 실제 (1) - 솔광, 삼광

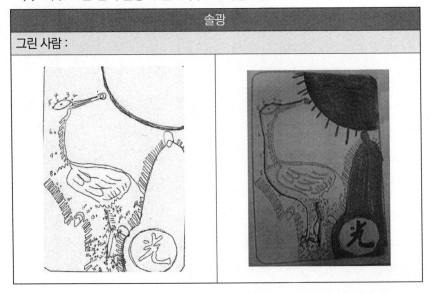

그린 사람 :

달의 의미와 화투 도안 색칠 활동

① 달의 의미

• 달빛의 존재는 '희망의 깨달음'을 의미함

• 부활, 불멸, 만물의 주기적인 본성을 상징하며 운명의 지배자, 숙명의 실을 감는 존재

• '밤의 눈'을 상징하며 내적인 예지력을 나타냄

② 다양한 종류의 달의 상징

• 보름달

- 둥근 원의 완전무결함

- 성취 이미지의 상징체계

- 풍요로움

• 초승달

- 지하세계로부터 올라오는 것

- 위대한 어머니 이시스 여인상

- 기독교에서는 동정녀 마리아를 나타냄

• 반달

- 기우는 달은 '죽음', '불길함'을 나타냄

- 차오르는 달은 '창의성'을 나타냄

- 유럽에서는 이 시기에 씨를 뿌리면 싹이 잘 튼다고 믿음

• 월식

- 세계 대부분 문화는 월식에 대한 신화를 창조해왔음

- 자연 재앙이나 통치자의 죽음을 예고함

- 아시아 문화는 악마나 용이 달을 삼켜버렸기 때문에 월식이 발생 함

(2) 화투 도안 인지 활동의 실제 (2) - 팔광

팔광
그린 사람 :

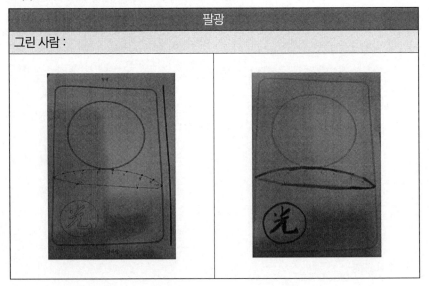

(3) 비광 도안을 통한 인지 케어

● 비광의 유래

오노도후는 어려서부터 서예에 입문해서 누구보다 열정적이었고, 잘 할 수 있다는 자신감도 있었다. 그는 시간이 지날수록 일취월장(日就月將)하는 자신의 실력을 느꼈고, 글씨는 갈수록 힘이 붙어서 거침이 없었다. 용이 꿈틀거리는 정도는 아니라도, 자신의 글에서 살아있는 강렬한 기운이 느껴져서 스스로 감탄했다. '이제 내 이름을 세상에 드러내도 되겠지!' 이렇게 자만할 즈음에 그는 한 스승을 만났다. 무명(無名)의 스승이 보여 준 필법의 세계 앞에 오노도후는 감명을 받았다. 스승의 필법 세계를 들여다보고 나니, 자신의 글씨는 그저 어린아이의 낙서 같았다. 그는 그동안 공들여 쓴 작품들을 모두 찢어버리고, 그 스승의 문하에서 공부를 다시 시작했다. 한 획, 한 글자를 마치 베인 상처에서 피가 배어 나오는 듯이 처절하게 썼다. 글씨에 점점 더 깊은 맛이 배기 시작했다. 하지만, 스승은 칭찬 한마디 없이 항상 똑같은 말만 반복했다. "더 잘 쓰도록 해라." 그는 점점 의심이 들었다. '혹시 스승이 나를 인정하지 않으려고 하는 것은 아닐까?' '나의 완성된 더 높은 경지를 스승이 모르는 것은 아닐까.' 그런 의심 속에서 결국 그는 좌절하게 되었고, 더 잘 쓰라는 스승의 말은 자신의 부족한 한계를 돌려서 말한 것으로 생각해서 비관한 끝에 서예 공부를 그만두려고 결심하게 되었다. "아무리 해도 나는 안 되는구나. 이젠 지쳤어, 해도 해도 안 되는 것은 포기해야지!"

비가 억수같이 쏟아지는 어느 날 아침에 그는 짐을 쌌다. 자신이 한없이 처량해서 스승에게 인사도 하지 않고, 바랑을 메고 우산을 쓰고 문밖을 나섰다. 그동안 글씨에 쏟아 부은 시간이 얼마였던가! 그 고생을 하고서야 자신의 분수를 깨달았다는 아쉬움과 후회 속에서 고통스럽게 허비했던 그 간의 일이 주마등처럼 뇌리를 스쳐 지나갔다. 그는 온갖 상념에 빠져서 집 앞의 버드나무 곁에서 우산을 쓰고 우두커니 서서 빗물이 홍수가 되어 흐르는 개천을 하염없이 쳐다보았다. 그 순간 그의 눈에 뭔가가 폴짝폴짝 뛰는 것이 보였다. 조그마한 개구리 한 마리가 빗물이 불어 홍수가 난 개천 속의 작은 바위 위에 갇혀있었다. 성난 흙탕물에 휩쓸리면 개구리는 죽음을 면하기 어려운 상황이어서 그 바위 위로 길게 뻗어있는 버드나무 가지를 잡으려고 필사적으로 뛰어오르기를 반복하고 있었다. 하지만, 버들가지가 너무 높아 아무래도 개구리가 붙잡기는 불가능해 보였다. 그 개구리의 신세가 꼭 자신의 처지와 닮았다는 생각이 들었다. "너도 나처럼 네 능력으로는 도저히 불가능한 일을 시도하고 있구나!" 그 모습이 너무 처량해 보여서 외면하려는 찰나, 거센 바람이 불어 가지가 개구리 쪽으로 휘어졌다. 그런데 놀랍게도 그 찰나의 순간에 또 한 번 펄쩍 뛰어오른 개구리가 마침내 그 버드나무 가지를 붙잡았다. 잠시 후 그 개구리는 버들가지를 타고 유유히 올라가 홍수에서 탈출하는 데 성공했다.

그는 망연자실한 채 한참을 그곳에 서 있다가 바랑을 풀어 내려놓고 나무 앞에 엎드려 큰절을 했다. 자신에게 깨우침을 열어준 존재에게 그렇게 경배를 드린 것이다. 그리고 나왔던 문으로 다시 들어가 스승에게 진심으로 고개를 숙여 사죄를 했다. 그는 다시 초심으로 공부를 시작해서 일본 최고의 학자이자 서예의 명인 '오노도후'가 되었다.

- 김덕권(원불교문인협회 회장/전 원불교 청운회 회장) -

- 한 서예가가 모든 것을 포기하려는 마음을 되돌린 사연으로 아주 작지만 자기를 변화시키고 사고의 변환을 갖게 됨
- 작은 것에 숨겨진 놀라운 가치를 발견하여 용기를 가지고 세상을 살아가는 희망을 줌
- 주변에서 벌어지고 있는 사소함이 일상에서 내 인생을 바꾸는 놀라움의 숨겨진 의미를 알게 함
- 치유정원인 비광 도안을 통한 인지케어의 목적
- 치매 노인의 힘든 역경을 이해함
- 번호 연결에 의한 형태 완성과 색칠로 사고의 유연성을 기름
- 개구리의 노력을 듣고 용기와 희망을 가지도록 교훈 얻음
- '통합된 성격' 개선을 통한 주변 동료들과의 관계 화목
- 비광 도안을 통한 인지케어의 효과
- 치매 노인의 정서적 감정 표현
- 문화적 경험을 통한 문제 해결
- 망설임 감소
- 비광 도안을 통한 인지케어의 장점
- 물과 녹색이 있는 도안 특유의 정겨움으로 심리적 안정감 높임
- 회상요법 자극
- 자신감 상승

(4) 화투 도안 인지활동의 실제 (3) - 비광

팔(달)광
그린 사람 :

① 비광의 형태는 숫자를 연결하여 그림으로 그림

치매노인이 숫자 1부터 30까지 순서대로 연결하여 형태를 완성시키는 인지저하 예방이다.

② 처음 숫자1을 찾기는 어려울 수 있으나 1을 찾고 나면 구 뒤부터는 숫자연결에 리듬을 찾는다.

③ 연결하는 것에 안전감을 주기위하여 숫자 옆에 점을 만들어 준다.

치매 노인의 성격과 화투 도안 색칠 활동

비광 도안을 통한 마음 케어	비광; 비광 유래; 오노도후; 개구리; 버드나무
화투 도안 색칠 활동의 실제 비광	화투 도안 색칠 활동의 실제; 비광

5) 치매노인 안전 케어 방안

(1) 치매노인 노인의 전문화된 여가 서비스 방안

① 치매노인 특성을 반영한 프로그램의 실행으로 여가 활동 수행을 위해서는 다양한 신체적, 인지적 기능을 필요로 한다. 하지만 기능 수준 보다 높은 수준의 활동은 심리적으로 불안해지고 정신행동 증상이 발생할 수 있다. 또한 치매노인 특성상 심리상태, 주위 환경의 요소에 의해 과다한 장애가 유발되는 경우가 잦다.(Rogers et al, 2000)

- 일상생활 지원으로 인지 활동(두뇌 사용) : 단순 활동이 아닌 즐거움을 위해 몸을 움직이는 신체 활동이 필요하며 타인과 함께 하는 사회적 활동이며 여가활동 속에는 이를 뒷받침하는 다양한 기본적·복합적 일상생활 활동이 밀접하게 연결되며 지역사회에서 여가 생활을 영위하기 위해서는 기본적 일상생활 뿐 아니라 지역사회 이동과 가정관리, 안전 조치 등의 복합적 일상생활 수행이 뒷받침되어야 한다.

② 먼저 함께 살아가는 치매노인 인식개선이 필요

- 70대 이상의 노인층은 실질적으로 치매노인에 대한 위험에 가장 근접하게 노출되어 있음에도 불구하고 치매노인에 대한 인식과 정보가 매우 부족한 실정이며 (문정희, 2015) 치매노인 노인이 지역사회 및 공동 공간에서 여가생활을 함께 즐기기 위해서는 치매노인에 대한 지식 확산과 부정적 태도를 개선해야 하며 치매노인 인식은 인구 사회학적 특성과 치매노인 환자 접촉 유무, 노인복지치매정책에 대한 인지와도 상관성이 있다. (김우정, 정은숙, 2018)치매노인의 접근성을 높일 수 있는 대국민홍보와 교육 강화, 치매노인 관련 서비스 자료 배포 등의 인식 개선 사업 추진이 필요하다.

또한 심리적으로 우울하면 일상생활에서의 기본적인 자기관리도 관심과 참여가 감소하게 되며 실수가 부각되는 환경은 시도자체를 포기하게 만들

고 사회생활 위축시킨다. (Tibleet al, 2017)

③ 환경개선

치매노인은 '관계성 질환'이라고 불릴 정도로 주위 사람들의 적절한 대처 여부가 증상의 정도를 결정하며 치매노인 질환에 대한 섣부른 편견에서 벗어나 삶의 공간과 시간을 공유할 수 있는 긍정적인 사회 환경 구축 등 긍정적인 사회적 환경이 조성되어야 한다.

(2) 정신 문제행동 및 초로기치매노인

정신 문제행동은 심리적 이상행동과 정신적 이상행동으로 대별된다.

심리적 이상행동은 이상행동의 교정을 위해 소통과 설득을 하지만, 치매노인 환자는 변하지 않을 뿐더러 인지 불가하다.

기억력이 떨어지는 시기와 우울감과 의욕 저하가 비슷한 시기에 나타나며 이는 치매노인 환자를 돌보는 가족을 가장 힘들게 한다. 또한 기억력을 포함한 인지기능 저하와 부적응 행동증상이 동시에 진행되기도 한다.

정신적 이상행동은 불편함을 공격성으로 표현되며 뇌의 퇴행은 급격하게 피해망상과 과대망상의 정서를 보이고 스스로를 자극하는 의미 없는 반복적인 행동, 불면, 배회, 불안정한 정동 등이 나타난다. 치매노인의 전구 증상이든, 치매노인의 2차적인 반응이든 우울증은 치매노인 증상을 더욱 악화시키며 기억력 왜곡이 나타난다. (예 : 아들이 죽었다고 슬퍼하며 배회하는 치매노인 환자)

① 초로기치매노인(Presenile dementia)란 초로기는 중 장년기 ,초기 노년기, 65세 이전에 발병하는 치매노인으로써 노인성치매노인보다 빨리 심하게 나타나는 질환일 수 있으며 생산 활동이 가능한 시기에 질병이 나타남에 따라 치매노인환자는 직업경력 단절, 빈곤에 처하게 된다. 초로기치

매노인에 대한 사회적 안전망이 미비하여 스트레스와 좌절감이 더욱 크게 나타난다.

초로기치매노인의 원인은 알츠하이머, 혈관성, 전두측두염, 알콜성 치매노인이 대표적이며 특히 알츠하이머는 유전적 확률이 50% 가까이 나타나는 것으로 알려져 있다. 혈관성 치매노인은 뇌혈관이 막히거나 음주(10% 차지)등 나쁜 습관에 의해 발생하며 초로기치매노인은 노인성치매노인보다 진행이 빠르다.

초로기치매노인의 증상은 물건 둔 곳이 지금은 기억이 나지 않지만 한참 뒤에 찾게 되고 나이가 젊다는 이유로 치매라는 생각을 하지 않아 초기에 알아차리지 못하고, 치매 노인이 심각하게 진행된 뒤에 병원을 찾게 되는 안타까움이 있다. 기억, 이해, 판단, 계산 능력이 둔감해지고 일상적인 생활이 어려워지며 초로기 알츠하이머는 언어능력 저하같이 비전형적인 증상 비율이 22~64%로 진단이 어려움이 있다.

(3) 치매노인 노인의 행동 이해

① 치매노인 노인의 의사소통은 증상을 악화시키는 환경적 요소, 대인 관계적 요소를 파악해 긴장감을 줄이도록 하고 치매노인 노인에게 익숙한 환경을 제시하도록 하여야 한다. 또한 치매노인 노인이 쉽게 이해할 수 있고 편안한 방식으로 의사소통을 해야 한다.

② 일상생활 관리법은 사람의 성격이 모두 다르듯 치매노인 노인의 그 정도와 깊이와 증상이 다르게 나타나기에 보편화가 아닌 개별화가 필요하다. 치매노인 노인은 어린아이 대하듯 무시하거나 달래지 말아야 하며 어린아이처럼 기억이 없어졌으나 어린아이가 될 수는 없으므로 낮아진 지능 그 자체로 존중해야 하여야 한다. 치매노인증상이 인지기능을 다 잃더라도 감

정은 남아 있음으로 자존심을 건드리지 않도록 하여야 하며 또한 치매노인 노인은 외모에 관심이 많은 경향을 보인다.

③ 감정지원, 인지학습 방향은 언어를 잃어가고 이해력을 상실하기 때문에 주로 비언어적인 활동으로 참여할 수 있는 활동을 하여야 하며 항시 현실적 감각을 직면 하게 된다. 또한 과거의 회상요법을 활용하고 수치심을 느끼지 않도록 배려해야만 한다.

④ 치매노인 노인의 기억력 이해는 질문에 대답을 해주어도 금방 잊어버리므로 같은 질문을 반복해서 물어보는데, 이때 화를 내면 치매노인은 자신감을 상실하고 인지저하 증상이 악화되기에 치매노인 노인은 쉬운 이야기도 잘 알아듣지 못할 때 끈기와 애정으로 천천히 반복해서 이야기를 해주고, 제스처를 활용하는 것도 필요하다. 가족을 알아보지 못할 때 가르치려 하면 오히려 혼란스럽고 불안한 상태를 만들 수 있으며, 자신의 방을 못 찾거나 자신의 방이라며 나가지 않을 때 나가라고 하면 흥분하게 된다. 잘못을 지적하지 말고 동행을 해주며 관심으로 안심하게 된다.

(4) 치매노인 치유정원에서 관리

치유정원이란 농업·농촌 자원이나 이를 이용해 국민의 신체, 정서, 심리, 인지, 사회 등의 건강을 도모하는 활동과 산업을 의미한다고 할 수 있다. 치유농업의 범위는 채소와 꽃 등 식물뿐만 아니라 가축 기르기, 산림과 농촌문화자원을 이용하는 경우까지 모두 포함하며 그 목적은 더 건강하고 행복한 삶을 추구하는 사람들을 비롯해 의료적, 사회적으로 치료가 필요한 사람들을 치유하는 것이다. 일반 농사와의 가장 큰 차이점은 농사 자체가 목적이 아니라 건강의 회복을 위한 수단으로 농업을 활용한다는 것이다

즉, 체계화된 프로그램 하에서 농사일을 치유의 수단으로 이용하는 것으

로 건강, 돌봄 서비스 등이 있다. 농업 선진국에서는 치유농업, 사회적 농업, 녹색치유농업, 건강을 위한 농업 등 다양한 용어로 표현하며 본질적으로는 '치유를 제공하기 위한 농업의 활용'이라는 의미를 가지고 있다.

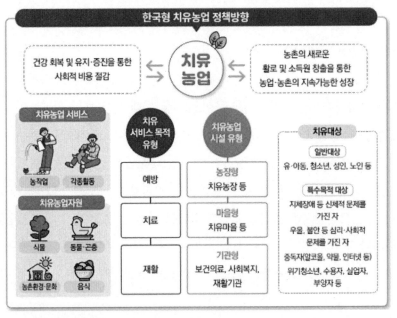

〈농촌진흥청 출처 : 시니어신문(http://www.seniorsinmun.com)〉

참고 문헌

- https://www.amc.seoul.kr/asan/healthinfo/disease/diseaseDetail.do?contentId=32001&tabIndex=4
- 헬스경향(http://www.k-health.com)
- https://health.chosun.com/healthyLife/column_view.jsp?idx=9546
- 모사화프로그램을 활용한 중년여성의 우울증상 감소 효과
- 시지각 및 구성능력의 신경심리학적 평가
- '사소한 걱정 쳐내기 = 큰 나무로 성장하기 위한 가지치기' : 국립어린이청소년도서관 '도서관 이야기' 2017년 6월호
- 뭉크의 삶과 작품세계에 대한 분석적 고찰만화치료. Carttoon therapy의 절차와 방법연구. 2007.2 공주대학원
- 인지행동적 집단상담 프로그램이 뇌졸중 환자와 가족의 삶의질에 미치는 영향. 2007.2 경성대학교
- 역할놀이를 통한 고전소설교육 활용방안연구 : 〈흥부전〉,〈김인향진〉을 중심으로. 2008.2 아주대학교
- 김희성(2004) 노인복지시설의 원예치료적 환경조성에 관한 연구. 서울 여자대학교 대학원 박사학위논문.
- 민병욱(2013) 치유경관의 개념을 적용한 병원 옥외공간 조경설계 - 창원 경상대학교 병원을 사례로. 한국조경학회지 41(1): 82-92.
- 이보람(2012) 장애 아동을 위한 치유정원 조성 가이드라인 연구. 서울대학교 대학원 조경학석사학위논문.
- Marcus, Clare Cooper and Naomi A. Sachs(2014) Therapeutic Landscapes.

- Rawlings, Romy(2003) 정원과 건강. 시그마프레스(주)
- 화투기호의 문화적 특징에 대함 메타분석과 미학적 원리의 유형학연구, 권현주 2017, 한국연구재단
- 한국에서 일본화투의 수용과 dlstylr에 관한연구: 울산지역을 중심으로, 울산대학교 교육대학원, 김월미 2009
- https://www.womaneconomy.co.kr
- http://kor.theasian.asia/archives/227833〉
- 한국적 화투디자인의 소재개발에 관한연구, 단국대학교, 산업디자인대학원 2001
- 화투 도안에 등장하는 식물명의 인식에 대한 연구 오욱/김동진, 한국호텔관광학회 2014, 호텔관광연구
- 170https://www.edujin.co.kr/news/articleView.html?idxno=23051)